RODRIGO FALCÃO

PREPARAÇÃO DO AUTOR
ALCIONE CARVALHO

PIZZA & ESPUMANTE

TRANSFORMAÇÃO DIGITAL E GESTÃO DE PROJETOS

COM INSIGHTS DE
90 ESPECIALISTAS

© Rodrigo de Medeiros Falcão, 2025
Todos os direitos desta edição reservados à Editora Labrador.

Coordenação editorial PAMELA J. OLIVEIRA
Assistência editorial LETICIA OLIVEIRA, VANESSA NAGAYOSHI
Projeto gráfico e capa AMANDA CHAGAS
Diagramação EMILY MACEDO SANTOS
Preparação literária do autor ALÇIONE CARVALHO - OCITOCINA EDIÇÕES
Leitura técnica ADRIANA PIMENTA, JOÃO VITOR NICODEMUS,
PAULO ROBERTO DE SOUZA FALCÃO
Pesquisa e entrevistas SABRINA GUZZON, TONY MELLO
Imagens de miolo DAVID DE CARVALHO SANDLER
Preparação de texto LÍVIA LISBÔA
Revisão CRIS NEGRÃO
Tradução dos trechos em inglês DENIS HONDA, JOSÉ VICTOR DE SOUZA
Colaboração FABIO JOSÉ LOUREIRO PINTO, RAMON OLIVEIRA, RENAN ALEXANDRE,
RODRIGO PÁDUA, ROSSANO MARQUES LEANDRO, SAMUEL LUCCHINI

Dados Internacionais de Catalogação na Publicação (CIP)
Jéssica de Oliveira Molinari - CRB-8/9852

FALCÃO, RODRIGO
  Pizza & espumante : transformação digital e gestão de projetos
  Rodrigo Falcão.
  São Paulo : Labrador, 2025.
  208 p.

  ISBN 978-65-5625-641-2

  1. Publicidade I. Título

24-2999   CDD 659

Índice para catálogo sistemático:
1. Publicidade

Labrador

Diretor-geral DANIEL PINSKY
Rua Dr. José Elias, 520, sala 1
Alto da Lapa | 05083-030 | São Paulo | SP
contato@editoralabrador.com.br | (11) 3641-7446
editoralabrador.com.br

A reprodução de qualquer parte desta obra é ilegal e configura uma apropriação indevida dos direitos intelectuais e patrimoniais do autor. A editora não é responsável pelo conteúdo deste livro. O autor conhece os fatos narrados, pelos quais é responsável, assim como se responsabiliza pelos juízos emitidos.

PARA

MARCELA, MINHA ESPOSA,
E CATARINA, NOSSA FILHA.

SUMÁRIO

APRESENTAÇÃO: ABEL REIS —————————————— 11
PREFÁCIO: ISABEL ÁRIAS ——————————————— 13
AGRADECIMENTOS ——————————————————— 16

CAPÍTULO 1
REFLEXÕES QUE ENGAJAM ———————————— 18
O QUE PROVOCA E LEVA ADIANTE ———————— 20
Pyr Marcondes ——————————————————————— 22
Ana Raquel Hernandes ——————————————————— 23
Edson Sueyoshi ——————————————————————— 24
David Lubars ———————————————————————— 25

CAPÍTULO 2
TRANSFORMAÇÃO DIGITAL ————————————— 26
NADA SERÁ COMO ANTES ——————————————— 28
Christopher Reed —————————————————————— 30
Fabiano D'Agostinho ———————————————————— 31
Denis Chamas ———————————————————————— 35
Steve Jobs ————————————————————————— 36
Nicole Cassiano ——————————————————————— 37
Margareth Fabíola S. Carneiro ———————————————— 37
Larissa Baldassarini ————————————————————— 39
David Gross ————————————————————————— 40
Camilo Barros ———————————————————————— 41
Gerd Leonhard ——————————————————————— 41

CAPÍTULO 3
GESTÃO DE PROJETOS ————————————————— 42
DO INSIGHT AO VALOR TANGÍVEL ————————— 44
Alexandre Gibotti ————————————————————— 46

Nathália Beividas — 47
Rodrigo Santiago — 48
Fabio Pitorri — 51
Sabrina Guzzon — 51
Tony Mello — 53

CAPÍTULO 4
PRINCÍPIO E PRINCÍPIOS — 54
QUANDO TUDO COMEÇOU A FICAR MAIS ÁGIL — 56
Jon Kern — 58
Andy Hunt — 59

CAPÍTULO 5
AGILE — 60
FERRAMENTAS E TRABALHO COLETIVO — 62
Ana Gonzalez — 64
Jaqueline Travaglin — 65
Mauro Cavalletti — 66
Arie van Bennekum — 67
SCRUM E DESIGN THINKING — 69
Dave West — 70
METODOLOGIAS E PROJETOS EFICIENTES — 74
LEAN Manufacturing — 75
KANBAN — 75
SCRUMBAN — 76
LeSS (Large-Scale Scrum) — 77
XP (eXtreme Programming) — 77
RAD (Rapid Application Development) — 78
DSDM (Dynamic Systems Development Method) — 78
ASD (Adaptive Software Development) — 79
PRINCE 2 — 79

CRYSTAL — 80
SAFe (The Scaled Agile Framework for Enterprise) — 80
TDD (Test-Driven Development) — 80
FDD (Feature-Driven Development) — 81
RUP (Rational Unified Process) — 81
AUP (Agile Unified Process) — 81
DA (Disciplined Agile) — 82
NEXUS — 82
SPRINT — 83
ABORDAGENS: SIMILARIDADES E DIFERENÇAS — 84
Marcos Falcão — 89

CAPÍTULO 6
ADAPTE-SE OU SUMA — 90
PUBLICIDADE MODERNA — 92
Mary Chan — 93
Izabela Domingues — 94
Fred Siqueira — 95
Neal Thurman — 96
Francesco Simeone — 97
COMBINAÇÃO DO SUCESSO — 98
Fabio Rabelo — 99
Melina Alves — 100
Fabio Souza — 101
Sebastian Mackinlay — 103

CAPÍTULO 7
ESTRATÉGIAS E TÁTICAS DIGITAIS — 104
PARECE COMPLEXO, MAS É SIMPLES — 106
Valdir Nascimento — 107
Nicole Cassiano — 108

Fernando Migrone — 108
David Vianna Bydlowski — 109
Vinícius Malinoski — 109

EXPERIÊNCIA — 110

Daniel Diniz Machado — 111
Marlison Estrela — 111
Ricardo Figueira — 111

REDES E CONTEÚDO — 112

Izabela Domingues — 113
Mariana Dutra — 114
Marina Wajnsztejn — 115
Leonardo Belquiman — 115
Izabela Domingues — 117

ESCALA — 118

Adalberto Generoso — 119

PLANEJAMENTO — 121

Ranjiv Ramgolam — 122
Sabrina Guzzon — 122
Flavio Cardoso — 123
Bruno Cunha — 124

MÍDIA — 125

Leandro Claro — 126
Andressa Paccini — 128
André Zimmermann — 128
Bruno Rebouças — 131

PRECISÃO E OTIMIZAÇÃO — 132

Brian Crotty — 133
Caio Del Manto — 135

TESTES COM OU SEM DÚVIDAS — 136

Rafael Krug — 137

CAPÍTULO 8
CRIATIVIDADE E PRODUÇÃO — 140
EXECUÇÃO BRILHANTE — 142
David Lubars — 143
Luciana Haguiara — 144
Edney "InterNey" Souza — 147

CAPÍTULO 9
GERENTES DE PROJETOS — 148
PELA PRÁTICA EXPONENCIAL — 150
Mônica Mancini — 152
Bira Miranda — 154
Talita Chachamovitz — 154
Marilia Paro — 155
Pedro Fragata — 155

GUARDIÃS E GUARDIÕES DOS VALORES — 156
Rafa Puls — 158
Vanessa Mendes — 160
Alexandre Gibotti — 162
Cristiano Ruiz — 162
Julia Soares — 163
Clemens Brandt — 165
Lais Morais — 166
Melina Alves — 166
Lynnecia Eley — 167
Fabricio Cardoso — 167
Betina Kormes Melnik — 168
Bruna Comin — 168
Vania São José — 169
Marcos Paulo (Mamu) — 169

CAPÍTULO 10
INTELIGÊNCIA EMOCIONAL — 170
TERRITÓRIO DA SENIORIDADE — 172
Nelson Rosamilha — 174
Sabrina Ramiles — 177
Leilaini Holdorf — 177

CAPÍTULO 11
O TEMPO SOLIDIFICA — 178
SOBRE VERDADES — 180
Filipe Bartholomeu — 182
Marina Wajnsztejn — 183
Martin Montoya — 183
Gustavo Gripe — 185

CAPÍTULO 12
HOJE E AMANHÃ — 186
DAQUI PRA FRENTE, TUDO VAI SER DIFERENTE... — 188
Ricardo Sales — 190
Lia D'Amico — 190
Adriana Prates — 193
Phil Jackson — 194

POSFÁCIO: PEDRO PAIVA — 196
JORNADA DO AUTOR — 199
PREPARAÇÃO DO AUTOR: ALCIONE CARVALHO — 204
REFERÊNCIAS BIBLIOGRÁFICAS — 205

APRESENTAÇÃO

A propaganda viveu num comercial de margarina até a chegada dos computadores pessoais e da internet. A transição da mídia de massa para a digital deflagrou uma avalanche de mudanças, sendo uma delas crucial para compreender o mercado atualmente: a migração da expressão criativa de suportes físicos clássicos (impresso, rádio e TV lineares) para plataformas de *software*. Se antes flertava mais livremente com referências da arte, da cultura e do jornalismo, a publicidade parece ter abraçado a rígida lógica dos bits e bytes e da performance. A esse fenômeno chamei, há alguns anos, de softwarização da indústria de mídia e comunicação.

Várias implicações decorrem dessa guinada. De cara, um trabalho antes mais artesanal adquiriu forte pegada industrial. Ser criativo em um banner, post, story ou link patrocinado exige rever e até romper com fontes que, no passado, inspiravam a criação como o cinema, o teatro, a música, a literatura e as artes plásticas. Outro desafio é a produção de materiais em larga escala. Peças em volume que chegam à casa dos milhares requerem atender severas restrições técnicas. Para completar, há ainda as limitações impostas pelas diminutas telas de dispositivos móveis e *smart speakers*, inseridos em um contexto utilitário.

A criatividade, hoje, divide espaço com ferramentas, métodos, disciplinas e profissionais típicos de uma empresa de *software*. O conforto das audiências tornou-se um imperativo tão relevante quanto a inventividade. Até o formato da remuneração foi alterado, transformando profundamente toda a dinâmica do mercado. Os esforços no meio digital ganharam espaço exponencialmente e se tornaram uma realidade de sobrevivência, não mais um potencial futuro.

As possibilidades técnicas só tornam a criatividade mais vital.

Em *Pizza & Espumante*, Rodrigo Falcão dialoga com os novos tempos da criação publicitária. Nunca foi tão importante adotar metodologias que garantam eficiência operacional, qualidade da entrega, mensuração do esforço e a correta precificação dos serviços. Paradoxalmente, nunca foi tão urgente a busca pela peça criativa perfeita.

Quem disse que seria fácil?

ABEL REIS

PREFÁCIO

A idade real aparece na luz que faz seus olhos brilharem ou não. Nas vezes em que enfrentamos um não brilhar os olhos, foi quando mais aprendi com o Rodrigo. Porque, se não brilhar de um jeito, ele busca, na sua crença profissional, nos seus sonhos de expansão, outro caminho, outra fresta de luz, e ele vai brigar por essa fresta como se briga pela vida. Incansável. Nunca vi o Rodrigo com preguiça de fazer mais uma apresentação para ensinar ou aprofundar suas ideias. Ensinar sobre o futuro do Marketing Digital. E não posso deixar de falar das apresentações bonitas, leves, com resultados claros, necessidades priorizadas com bom senso, e a constante vontade de expandir.

Rodrigo tem, na sua profissão, algo complementar ao seu propósito de vida, tratado sempre com muita discrição. Uma vida profissional profícua. Pessoa de poucas palavras, educado, trata do que interessa. Eficaz. Respeitoso. Reflexivo. Muitas vezes, na dor de refletir e encontrar uma verdade que se sabe, e também na alegria de observar as atitudes emergentes do processo assertivo de tomar uma decisão que advém do autoconhecimento. A crença nunca deixou de fazer parte do trabalho do Rodrigo. Chamam isso de propósito. E, se for, o propósito do Rodrigo é claro. Ele é otimista com os novos desafios, as novas invenções da tecnologia; tem facilidade de fazer parte dela, de aprender, de querer fazer negócios. Visionário e sofredor, por excelência, porque se projeta para o futuro rapidamente, sem muros, sem véus.

Rodrigo Falcão é dessas pessoas que carregam diplomas, idiomas, certificados ágeis, experiências completas na direção de trabalhos reconhecidos de inovação e transformação no falado mundo digital. Trabalha com um dos melhores olhares de dono que conheço. Dono cuidadoso e ousado, ligado a inovação e resultados. Estudioso. Emburrado. Revoltado. Rodrigo é um empreendedor nato que tem o *big data*[1] na sua forma de pensar. Gera resultados, lucro, criatividade, inovação e tem a atitude de mão na massa.

Rodrigo tem, também, as competências do líder necessário para a transformação no desenvolvimento das empresas e das pessoas. Rodrigo Falcão faz parte da cadeia produtiva; é mestre incansável!

Acredito no que dizem os quânticos: vivemos uma grande onda de mudança a cada cinco horas, e o Rodrigo joga bem porque não vai sozinho. Equipe, para ele, é fundamental. Ele tem prazer em formar pessoas, em delegar cada vez mais para todos, porque sabe que só aprende quem faz. E sabe escutar: competência cada vez mais valorizada, e que o Rodrigo tem de nas-

cença. Muitas vezes, nos nossos encontros, o tema foi liderança com foco na educação e reflexão sobre a responsabilidade extra dos profissionais destas áreas inovadoras. Ensinar, ensinar, ensinar, sem parar. Não basta conhecer os sentimentos das pessoas; é preciso engajá-las em projetos que façam mais sentido para suas carreiras e que tragam alegria no trabalho. E é o que o Rodrigo faz.

Pizza & Espumante libertará e levará o Rodrigo para perto dos grandes líderes contemporâneos. Uma doação de conhecimento, organizado letra por letra, à luz de muito trabalho. Quando ele traz a materialização do ensino, por meio de um livro desta qualidade, quem ganha é o mercado da Publicidade e do Marketing, porque este mercado ganha o conhecimento da fonte, advindo da experiência prática e de horas de estudo e reflexão.

Rodrigo Falcão quer ser parceiro de cada um dos agentes de transformação. Ousaria dizer que quer ser parceiro de todos os agentes, porque... para quem é dada a benção de não transformar? Rodrigo Falcão cria opor-

---

[1] *Big data* é um conjunto de dados maior e mais complexo, especialmente de novas fontes de dados. Fonte: Oracle Brasil. Disponível em: https://www.oracle.com/br/big-data/what-is-big-data/. Acessado em: 19 nov. 2024.

tunidades, com este livro, para a troca de experiências confiáveis. E para a transmissão dos conhecimentos que se fizerem necessários para o apoio nesta jornada.

ISABEL ÁRIAS

AGRADECIMENTOS

Pizza & Espumante não existiria sem as reflexões e ações de inúmeras pessoas ao longo do tempo: dos pioneiros da imprensa aos inovadores da era digital, dos visionários das comunicações aos arquitetos das redes modernas, dos primeiros publicitários às mentes brilhantes que contribuíram, de uma forma ou de outra, com suas inteligências e experiências nessa mídia tangível, repleta de casos e observações que inspiram, provocam e, quem sabe, ajudam no desenvolvimento de pessoas, empresas e mercados.

Seria impossível citar individualmente todas essas pessoas que, com um pensamento, uma palavra, uma frase dirigida a mim, direta ou indiretamente, abriram proposições e caminhos que me trouxeram até aqui. Mesmo assim, todas têm a mesma importância daqueles que foram mencionados nominalmente.

A todas e a todos, minha gratidão, meu mais profundo respeito e admiração. De coração.

RODRIGO FALCÃO

AS OPINIÕES DE TERCEIROS CONTIDAS NESTA OBRA NÃO REFLETEM, NECESSARIAMENTE, A OPINIÃO DO AUTOR, SENDO DE EXCLUSIVA RESPONSABILIDADE DAS PESSOAS QUE AS EMITIRAM, DEVIDAMENTE CITADAS AO LONGO DO TEXTO.

O livro reúne insights valiosos de dezenas de especialistas renomados. Com a participação de PhDs, mestres, CMOs, COOs, CTOs, CEOs, presidentes, VPs, empresários, palestrantes, autores, consultores e profissionais das áreas de marketing, planejamento, atendimento, mídia, criação, dados, tecnologia, operações, produção, gestão de pessoas, educação, treinamento e gestão de projetos.

A obra explora os desafios da transformação digital e apresenta caminhos baseados nas experiências de profissionais que se destacaram em empresas líderes como Coca-Cola, Volkswagen, Ford, Nestlé, Itaú, Nubank, SAP, Claro, Netflix, Google, Facebook, TikTok, ESPM, Meio & Mensagem, PMI, BBDO, VML, DDB, Dentsu, R/GA, AgênciaClick, Ogilvy, Africa, Oliver, Wieden+Kennedy e McCann, entre outras.

Boa leitura!

CAPÍTULO 1

REFLE
QUE EN

COMPROMETIM
PUBLICIDADE E
HEAD-SNAPPING   DIGITAL
PESSOAS   MÉTODO   PROCESSO
ATUAL   COMPORTAMENTO   FERRAMENTA

EXÕES
ENGAJAM

ENTO   TRANSIÇÃO
ERNA   CONECTAR
EFICIÊNCIA EVOLUÇÃO
PLATAFORMAS CULTURA
GESTÃO DE PROJETOS FLUIDO VALOR

O QUE PROVOCA

E LEVA ADIANTE

Reflexões são bem-vindas em qualquer contexto da vida; são ferramentas geradoras de conhecimento. Elas nos fazem pensar, criam alternativas e perspectivas, e expandem o desenvolvimento individual e coletivo. As reflexões nos desafiam, nos colocam à prova e revelam onde estão os obstáculos. Conduzem a insights, processos e jornadas. São transformadoras, nos levam a lugares antes não explorados e, muitas vezes, nos dizem o que evitamos admitir a nós mesmos. As reflexões aprofundam o autoconhecimento.

PYR MARCONDES

" Estamos num momento de transição, em que a percepção do valor real da publicidade e do marketing está na utilização das ferramentas digitais, não mais apenas nas mídias tradicionais. Paralelamente, a televisão, por exemplo, continuará existindo. Ela é, ao mesmo tempo, uma ferramenta, uma plataforma, um veículo, um conjunto de meios graúdo. A televisão é e continuará sendo poderosa.

Porém gestores de marketing com grandes verbas na mão já estão equilibrando investimentos entre mídias tradicionais e o digital. Dependendo do país, da marca e do produto, alguns budgets são dirigidos, prioritariamente, ao digital. Essa riqueza e flexibilidade que a internet trouxe ao mundo possibilitou o surgimento da gestão remota, que tem uma dinâmica incrível.

Deixou de ser imprescindível que uma equipe esteja confinada a um mesmo espaço para produzir. Não é fácil azeitar os processos para que funcionem, mas é totalmente possível. Para fazer a máquina funcionar, a empresa tem que ter a cultura e uma gestão de projetos à distância eficiente, qualificada e preparada.

Hoje é possível desenvolver um software, um aplicativo, uma campanha de propaganda ou de marketing à distância, de modo interativo, colaborativo e liderado pela Gestão de Projetos: uma forma bastante atual de administrar pessoas, processos e resultados."

ANA RAQUEL HERNANDES

"O mais importante para que os processos funcionem é o comprometimento da liderança. Parece básico. E é! Se o alto escalão não acredita em metodologia, nos sistemas ou nos resultados que podem advir dos processos, não há método que convença.

Por isso, é fundamental entender a cultura organizacional e buscar as melhores alternativas para que se adaptem a ela. Ao mesmo tempo, questionar o status quo. Ainda existe a ideia de separar a estratégia da execução e de que os processos do lado da execução são menos relevantes. Sabemos os impactos que essa ideia gerou para a indústria da publicidade. Na essência, uma ideia que não se torna algo concreto não significa muita coisa.

Os processos não podem alienar as pessoas a ponto de perderem a conexão com a entrega final e com aquilo que realmente importa. Não se trata de aplicar corretamente o método, mas de o método ajudar a inovação a ser mais eficiente, e não perder tempo e dinheiro com o que não é necessário. É também sobre responsabilidade e aprendizado. Mas, se os gerentes de projetos precisam ficar no pé de todo mundo para que o método seja adotado, então o processo não está funcionando, porque isso precisa ser fluido."

EDSON SUEYOSHI

"A evolução tecnológica trouxe a internet para a vida das pessoas, mudando a forma como se comunicam, estudam, se entretêm e fazem negócios. O comportamento do consumidor deixou de ser passivo, recebendo mensagens sentado no sofá, em frente à TV ou lendo um jornal ou revista. Agora, todos usam mídias digitais, em outros dispositivos, no momento em que desejam; interagem com marcas, falam sobre elas com outras pessoas; produzem conteúdo em um ambiente acessível para todos.

As marcas não têm mais apenas problemas de comunicação; elas têm problemas de negócio, pois o seu consumidor tem novos valores. O feedback sobre uma campanha ou posicionamento tem retorno imediato, que pode elevar a marca ou impactá-la negativamente.

Novas plataformas surgem todos os dias e a relevância para determinado público pode mudar, de um ano para o outro. Dessa forma, o consumidor precisa estar no centro, pois os canais mudam e o comportamento, também."

DAVID LUBARS

" O Digital está transformando completamente a publicidade, mas uma coisa importante nunca mudará: o cliente ainda precisa de uma ideia efervescente, mágica e *head-snapping*.[2]

Execução e estratégias de mídia são atuais, e uma ideia brilhante é eterna. Os melhores esforços contêm ambos."

---

2 *Head-snapping*: encantadora, surpreendente, impactante.

CAPÍTULO 2

TRANS
ÇÃO D

TRANSFORMAÇÃO DIGITAL

MARTECH LÓGICA PROCESSOS CRESCIMENTO MODELO EXPERTISE ADTECH AGILIDADE EFICIÊNCIA VOCÊ MENSURAÇÃO MUDANÇAS

NADA SERÁ

COMO ANTES

A digitalização trouxe benefícios, como comodidade e uma nova noção não apenas de importância e uso do tempo, mas de organização do trabalho, da concepção à entrega. Daqui para frente os processos serão totalmente digitais ou, no mínimo, híbridos. A interatividade ganhou força e, junto dela, a colaboração por meio de fluxos mais eficazes.

Novos modelos estão sendo criados e as empresas estão se reestruturando. Funções poderão, de uma hora para outra, desaparecer ou surgir.

O equilíbrio entre tecnologia e fator humano é um dos desafios que enfrentaremos. O digital deve estar a serviço das pessoas e ser valorizado nas empresas como um facilitador de caminhos. Nesse cenário, nascem importantes questões: Como as pessoas estão adaptadas a esse universo? Como prepará-las para os desafios que surgirão?

A tendência é que o ambiente se torne cada vez mais integrado e propício ao compartilhamento de conhecimentos em diferentes áreas, para a solução de problemas de complexidade crescente. Os escritórios são projetados para incentivar a colaboração; fornecedores são cada vez mais valorizados; e até a formação de parcerias com concorrentes torna-se relevante.

Todos os esforços que agilizem processos e gerem valor são mais do que bem-vindos – são essenciais. Assim como uma consciência participativa, que favoreça o desenvolvimento de projetos até a concretização de uma ideia — seja ela um produto ou um serviço.

Mais do que um caminho a ser seguido, a Transformação Digital é também um modo de pensar e viver. É estar conectado com o presente e o futuro. É ter coragem de arriscar, aprender e evoluir.

Se, em sua empresa, as operações buscam agilidade com eficiência, ela precisa de Gestão de Projetos.

#ASAP - A TRANSFORMAÇÃO DIGITAL NÃO ESPERA.

CHRISTOPHER REED

" Meu primeiro trabalho em propaganda foi como assistente de produção, no início dos anos 2000. Era um novo mundo: havia **espumante** nas reuniões, cartões de crédito liberados, eventos de premiações e produções de TV multimilionárias.

Naquele ano, a agência fretou um avião para toda a equipe ir à Áustria, para a festa de Natal. Alugou o hotel e uma casa noturna à beira do lago, repleta de comidas, bebidas e entretenimento para todo o final de semana. No ano seguinte, comemos **pizza** no porão de um restaurante simples.

A queda financeira abriu as portas para as agências de publicidade tradicionais enfrentarem ameaças existenciais. Os gastos exagerados chegaram ao fim e as agências foram relutantes à mudança. A criatividade foi a salvação (ou desculpa), enquanto os pilares da propaganda mudavam dos trabalhos para TV, impresso e rádio para outras direções.

A criatividade ainda estava no coração, mas a propaganda evoluiu. O formato de 30 segundos de propaganda na TV passou a estar ao lado dos formatos de 15 segundos, no Facebook; 10 segundos, no Instagram; 5 segundos, no TikTok; e muitos outros.

Agências menores começaram a ganhar espaço, produzindo conteúdo para esses novos formatos, utilizando tecnologia e processos para um fluxo de trabalho eficiente; enquanto algumas agências seguiam focadas nas grandes campanhas de TV. E seus modelos de negócio se deterioraram.

Grandes agências foram forçadas a se adaptar e criaram departamentos de produção *in-house* para atender pequenos trabalhos de conteúdo, com baixo investimento.

Surgiram plataformas para simplificar o fluxo de trabalho com verbas fixas, tempos fixos e entregas fixas. Elas ampliaram as possibilidades, através de comunidades. Acordos extras podem existir em concordância e transparência entre as partes.

Crowdsourcing[3] passou, de uma palavra da moda, para um xingamento.

Agências e clientes apontam a falta de curadoria e de guia como os principais problemas. Surpreendentemente, os produtores de conteúdo apontam os mesmos problemas. A não existência de escopo claro também é constantemente identificada.

A produção de conteúdo para digital deixou de ser amadora ou apenas adaptações da TV e do impresso, para se tornar específica e múltipla, com talentos e especialidades diversas.

A propaganda evolui constantemente e a tecnologia possibilita visibilidade e eficiência, no processo, de ponta a ponta."

---

3 *Crowdsourcing*: colaboração coletiva.

FABIANO D'AGOSTINHO

" Já é de conhecimento dos integrantes da indústria da comunicação que o modelo de negócio que, até então, garantia bons lucros para as agências de publicidade passa por uma séria transformação. As mudanças radicais têm sido objeto de muita discussão.

Empresas de publicidade, que criaram riqueza para seus grupos de investidores e corpo executivo, além de terem grandes ideias para resolver os problemas de seus clientes, agora precisam reinventar o negócio.

O momento exige um olhar sobre as renovações que vêm

sendo impostas pelos anunciantes, pela tecnologia, pela manipulação de dados e, não menos importante, pela alteração da forma de trabalho, que veio para implantar a tão falada Transformação Digital.

Do lado dos que detêm a verba publicitária, os ultimatos vêm do fato de não estarem mais de acordo com os modelos de remuneração até então praticados. E também por conta das transformações no perfil de consumo, que culminaram na transferência de parte considerável da verba de publicidade para os meios digitais. Ambos os fatores podem diminuir o lucro das agências e obrigá-las a serem mais criativas do que nunca; mas, agora, na criação de novos formatos comerciais e operacionais, a fim de garantirem receita.

É da natureza humana buscar zonas de conforto e permanecer nelas. Apenas nos sentimos motivados ou forçados a mudar quando existe um forte incômodo. Portanto, diante do arrefecimento da indústria da publicidade, que surjam os dirigentes capazes de desenhar e implantar novos modelos que não sucumbam ao desafiador cenário.

Novas práticas, se bem implementadas, serão sementes a florestar a indústria. Paradigmas antigos precisam ser abandonados. Uma restauração é essencial, tendo em vista também o alto grau de capilaridade da oferta de produtos e serviços que, diferente de outrora, não encontram mais barreiras geográficas e não precisam mais ser executados somente por grandes agências, que, até então, eram as únicas detentoras da licença para criar."

Não faltam oportunidades para ajustes organizacionais quando nos referimos a operações no digital. Aqui olhamos para as empresas que ainda não estão totalmente adaptadas aos novos princípios de otimização de resultados: gestão de pessoas, processos e projetos na era da Transformação Digital.

Experiências e argumentos contribuem com a mudança de mentalidade tradicional, enraizada em princípios off-line, jogando com táticas e estratégias às vezes perigosas. Afinal a indústria da criatividade vive de reinventar e enxergar um caminho ainda não trilhado. Mudanças e inovações fazem parte da história desta indústria instigante e desafiadora há mais de um século.

Michael Farmer, especialista em *SOWs*,[4] *Fees* e recursos, trata do apogeu e declínio das agências de propaganda, com riqueza de detalhes, no fascinante livro *Madison Avenue Manslaughter*, publicado em 2019. Farmer tem uma ótica clara e expandida como a de poucos. Por três décadas atuou como consultor de grandes agências de propaganda.

Ele cita que historiadores de negócios atribuem, à N.W. Ayer & Sons, a criação do sistema de comissionamento à agência, em 1874, cuja prática foi formalizada pela Associação Americana de Jornais em 1893. Décadas depois, em 1960, surgiu o embrião do que agências e clientes vivenciam hoje, quando a Shell mudou de agência e modelo de ressarcimento dos serviços, trocando a JWT pela Ogilvy, e passando do comissionamento ao *fee* (custo fixo).

Michael Farmer (2019) identificou a necessidade de abastecer os executivos com documentação e com ferramentas de mensuração do trabalho e dos recursos financeiros. Evitar falhas nas decisões que envolviam a mobilização da empresa em respostas mais eficientes, mitigar maus relacionamentos e abrandar a baixa rentabilidade eram os propósitos. Concluiu que o desafio da carga de trabalho envolvia toda a empresa e demandava novas práticas, organização e disciplina, além do senso de responsabilidade.

---

4 SOW, ou *Scope Of Work*: escopo de trabalho.

O padrão tradicional de propaganda off-line é vencedor, financeira e qualitativamente. Isso é fato! Porém clientes estão atrás de algo a mais.

Apesar da indiscutível evolução das agências há espaço para uma reinvenção radical da indústria da publicidade, mas ela pede coragem e disposição para garantir a presença, no mercado, com diferencial competitivo. Não é fácil, mas é totalmente possível e estimulante. As infinitas oportunidades da operação digitalizada eficaz passam por um conjunto de princípios atualizados e um jeito novo de lidar com eles. São fatores humanos, tecnológicos, jurídicos, metodológicos, comerciais, administrativos, políticos...

Neste contexto, as perguntas não se calam:

» Quando tudo pede agilidade e eficiência, como está a estratégia digital da sua empresa?
» Os investimentos em metodologias ágeis, times capacitados e gerências de projetos são sólidos?
» Os novos processos de criação e produção on-line atendem ao desenvolvimento da empresa e seus clientes?
» Serviços digitais são terceirizados ou improvisados internamente?
» Quem está no topo das hierarquias luta por novas adequações? Ou, no topo, alguém tem esperança de que o passado volte e tudo continue como era antes?

DENIS CHAMAS

" A indústria parece muito apegada a modelos e formatos tradicionais e consagrados, jogando de forma segura. Percebo empiricamente que o papel de propor, construir e fazer provocações por meio de todo tipo de mídia anda perdido em meio a tantos estímulos.

Não temos um novo desenho dominante para essa entidade que chamamos de agência, talvez ele nem exista.

Porém se buscarmos clareza e não certeza, talvez a indústria recupere a ousadia e possa começar a testar e se organizar em modelos mais flexíveis, adaptáveis e contemporâneos; o que pode gerar uma injeção de autonomia e independência, fundações para o *asset* (ativo) mais procurado do planeta e coração da indústria, a criatividade."

STEVE JOBS

"MEU MODELO DE NEGÓCIOS SÃO OS BEATLES. ELES SE BALANCEAVAM, E O TOTAL ERA MAIOR DO QUE A SOMA DAS PARTES. É COMO EU ENXERGO OS NEGÓCIOS: AS COISAS INCRÍVEIS NUNCA SÃO FEITAS POR UMA ÚNICA PESSOA, SÃO FEITAS POR UM TIME."[5]

---

5 Disponível em: https://exame.com/carreira/as-11-melhores-frases-de-steve-jobs-sobre-inovacao-e-sucesso. Acessado em: 19 nov. 2024.

NICOLE CASSIANO

" Hoje é inconcebível uma agência de publicidade onde existam departamentos distintos para o Digital e para as mídias tradicionais. A ideia central precisa fazer sentido, em formatos digitais e tradicionais, como uma narrativa única. E isso só é possível se, na concepção da campanha, existirem profissionais com essa expertise."

MARGARETH FABÍOLA S. CARNEIRO

" A economia digital representa uma mudança global nos mercados e nas práticas de negócios, impulsionada pelo uso intensivo de tecnologias. Muitas empresas nasceram sob este paradigma, e outras estão usando a tecnologia para reformular modelos, abrir novas oportunidades e desafios. Esse é um caminho evolutivo e irreversível.

Nesse cenário, empresas estão se reinventando através da Transformação Digital, o que vai além da simples adoção de tecnologias. Estamos falando de uma mudança holística, que passa por tudo aquilo que compõe uma organização.

A integração de tecnologias digitais avançadas, como inteligência artificial, *big data* e *blockchain*,[6] em todas as áreas de uma empresa, resulta em mudanças fundamentais na maneira como ela opera e entrega valor aos seus clientes.

A TRANSFORMAÇÃO DIGITAL ENVOLVE NOVAS ESTRATÉGIAS DE NEGÓCIOS, REALINHAMENTO OPERACIONAL E UMA FORTE ÊNFASE NA GESTÃO DE MUDANÇAS, CENTRADA NAS PESSOAS.

Portanto trata-se de um movimento complexo, que exige uma gestão com programas abrangentes, compostos por projetos e iniciativas interconectadas, e requer abordagens específicas que garantam coesão e sinergia entre os diferentes constituintes (projetos e iniciativas).

Isso envolve gerenciar interdependências entre projetos, mitigar riscos em nível programático e assegurar uma comunicação eficaz entre as partes interessadas.

A gestão de programas se concentra na coordenação e alinhamento estratégico de múltiplos projetos, garantindo que eles atinjam metas individuais e contribuam coletivamente para os objetivos mais amplos da organização, trazendo benefícios.

A governança de programas é fundamental para fornecer direção estratégica e supervisionar o progresso em direção aos objetivos estabelecidos, promovendo o envolvimento dos *stakeholders*[7], sobretudo da liderança.

Cada projeto do programa pode adotar abordagens distintas — ágeis, tradicionais ou híbridas — dependendo das necessidades específicas e do contexto. Esta flexibilidade permite uma gestão mais efetiva.

---

6   *Blockchain* é um livro-razão compartilhado e imutável que facilita o processo de registro de transações e rastreamento de ativos em uma rede de negócios. Fonte: https://www.ibm.com/br-pt/topics/blockchain. Acessado em: 28 nov. 2024.

7   *Stakeholders*: interessados ou envolvidos no projeto.

Em resumo...

A ABORDAGEM BASEADA EM PROGRAMAS, ALIADA A UMA GESTÃO EFICAZ DE PROJETOS, É VITAL PARA O SUCESSO NA ERA DA TRANSFORMAÇÃO DIGITAL."

LARISSA BALDASSARINI

"A nova geração nasceu em meio à Transformação Digital. Eu nunca trabalhei em um mundo sem WhatsApp. Meu primeiro estágio foi em *social media*. Assistir a comédias românticas do início dos anos 2000, em que os personagens *layoutam* com lápis e papel, me parece verdadeiramente engraçado. Para nós, o mercado de trabalho nunca teve uma separação clara entre o ON e o OFF.

Adaptar-nos às constantes atualizações da tecnologia é o que fazemos quase que instintivamente. Por isso, quando falamos em inovar, a tecnologia não é a primeira coisa que vem à mente. Afinal, toda tecnologia do mundo não vai criar campanhas diferentes se as pessoas por trás delas forem sempre iguais.

Temos urgência em repensar as dinâmicas de trabalho. Não é porque estamos sempre conectados que queremos estar disponíveis o tempo todo.

A transformação que a nova geração busca tem muito menos a ver com tecnologia e muito mais com mudanças estruturais, que irão tornar o mercado mais diverso e inclusivo, com um maior equilíbrio entre a vida e o trabalho."

DAVID GROSS

"Cada vez mais as conversas dentro da agência e com os clientes se tornaram digitais, e não mais sobre o Digital. Estamos vivendo o processo enquanto fazemos. Aprendemos testando, avaliando e melhorando a cada novo trabalho. Agora é o momento de ir além. De procurar mais parceiros e agregar novos conhecimentos aos times.

Nosso negócio é feito de pessoas, para pessoas e isso explica a velocidade das mudanças que precisamos imprimir, já que as pessoas estão mudando todos os dias."

CAMILO BARROS

> A indústria da comunicação está em uma mudança de era, na qual as áreas precisam se unir por uma questão de transformação do negócio, acelerada pela digitalização e novas tecnologias. Vimos a era da criatividade, a era da mídia, a busca de incorporação por novos *players*, e agora temos a necessidade de reagrupar tudo e buscar um propósito em comum. Estamos falando de gestão e ninguém melhor para exercer esse papel do que quem tem, por excelência, uma visão sistêmica do negócio e do ecossistema, como os gerentes de projetos. A gestão de projetos muda a cultura e a lógica da liderança, inverte o modelo para uma teia de colaboradores internos e externos na busca qualitativa e quantitativa de um melhor resultado."

GERD LEONHARD

> Para onde estamos indo, bom o suficiente está morto.

SÓ RESTA UM ESPAÇO PARA INOVAR: VOCÊ.

Tecnologia representa o como das mudanças e os humanos representam o porquê. Vamos viver e liderar a partir daqui."[8]

---

[8] LEONHARD, G. 2016. Disponível em: https://www.YouTube.com/watch?v=ystdF6jN7hc. Acessado em: 15 jan. 2024.

CAPÍTULO 3

GESTÃO DE PROJ

LIDERANÇA VAL
EFICIÊNCIA GESTÃO
INSIGHT TANGÍVEL COL
FACILITAÇÃO PROCESS
HUMANA INTERAÇÕES

ÃO DE
ETOS

R SUCCESSO
EDUCAÇÃO FULL SCORE
BORAÇÃO FLUIDEZ
OS CIÊNCIA FUTURO

DO INSIGHT

AO VALOR TANGÍVEL

Gestão de Projetos é a jornada para alcançar um objetivo. É uma técnica de gerenciamento. É planejamento, organização e facilitação. Execução de atividades, etapa por etapa. Conexão de pessoas e treinamento de equipes em metodologias. É motivar profissionais a entregarem uma melhor qualidade nos serviços, mitigar problemas, avaliar erros e acertos. É empregar tecnologia e ferramentas que otimizam o trabalho, sem perder a qualidade. É a forma mais eficaz de administrar times, tempo e recursos. É a lógica da eficiência.

ALEXANDRE GIBOTTI ───────

A prática da gestão de projetos é tão importante que Alexandre chama a atenção para algo que muita gente boa, séria e comprometida com o desenvolvimento humano talvez ainda não tenha pensado. Ele rompe a bolha da comunicação e adentra a da educação:

> Um bom CEO incentiva a gestão de projetos na empresa, e a disciplina Gestão de Projetos precisa ser inserida em todas as grades curriculares de estudos nas universidades, logo no primeiro semestre, servindo para qualquer profissão e para relacionamentos.
>
> Precisamos aprender a gerir as nossas expectativas e as de quem espera algo de nós. Não existe mágica. Se fizermos certo, tudo vai dar certo.
>
> **A VIDA É GESTÃO."**

NATHÁLIA BEIVIDAS

> " A gestão de projetos é facilitadora do dia a dia e, uma vez cumpridos os processos, tudo tende a fluir melhor."

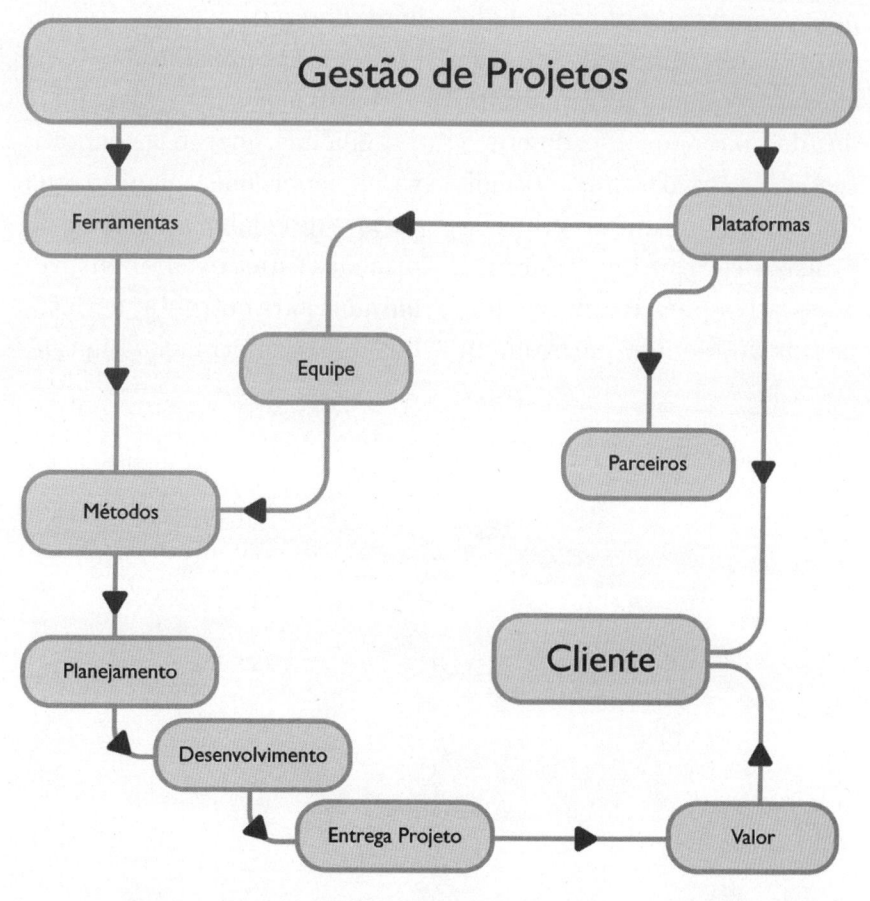

FIGURA 1:
GESTÃO DE PROJETOS

RODRIGO SANTIAGO

" Gestão de Projetos é o alicerce que fornece ferramentas para navegar pelas constantes mudanças inerentes à Transformação Digital. A abordagem ágil se firma como uma das principais tendências, pois proporciona flexibilidade e respostas rápidas às alterações de requisitos e às demandas do mercado. Mais do que o seguir, à risca, o *framework* ágil, é indispensável que gerentes de projetos exerçam uma liderança adaptativa para inspirar equipes em ambientes que evoluem frequentemente. Outro aspecto importante da gestão de projetos é a alta demanda por eficiência operacional. A mentalidade de melhoria contínua de processos, somada a uma atitude colaborativa entre membros das equipes, contribui para a maximização dos recursos e resultados.

Ao incorporar os princípios de agilidade, liderança adaptativa, eficiência operacional e uma cultura de colaboração, as organizações estarão mais bem preparadas para enfrentar os desafios da Transformação Digital."

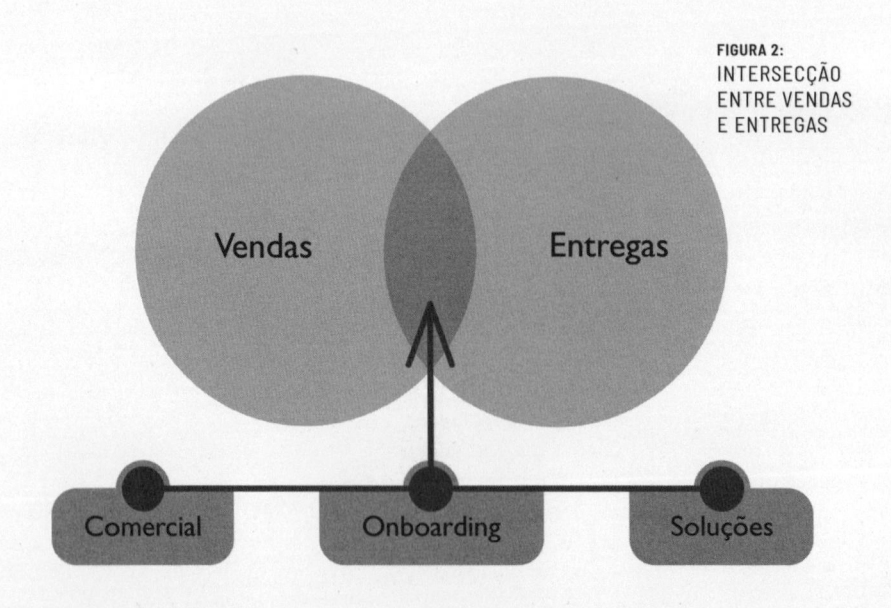

FIGURA 2: INTERSECÇÃO ENTRE VENDAS E ENTREGAS

A eficiência pode ser otimizada em cada etapa: comercial (vendas); *onboarding* (entrada de novos clientes/projetos); soluções (condução dos trabalhos). Você pode monitorar o processo, para identificar oportunidades de redução de tempo e custos, além de agregar qualidade. A gestão de projetos está diretamente relacionada à conexão entre áreas e pessoas.

Um bom ponto de partida para otimizações é mapear a situação via comparativos: o que foi vendido versus o que está sendo realizado. A partir daí, é possível perseguir melhorias.

Vendido
Equipe / SOW / Entregas / Custo / Rentabilidade

X

Realizado
Equipe / SOW / Entregas / Custo / Rentabilidade

ideal

FIGURA 3:
VENDIDO × REALIZADO

Pratique ações que gerem um ambiente de sucesso:

- [ ] OUÇA E COMPREENDA AS PESSOAS.
- [ ] ALINHE EXPECTATIVAS E OBJETIVOS.
- [ ] CONSTRUA CONFIANÇA, EMPODERE A EQUIPE E INCENTIVE A COLABORAÇÃO.
- [ ] PARTICIPE.
- [ ] ESTABELEÇA UM PLANO E AJUSTE-O COM BASE NOS RESULTADOS.
- [ ] MEÇA O PROGRESSO, COMPARTILHE OS APRENDIZADOS E CELEBRE AS CONQUISTAS.
- [ ] SEJA CLARO(A) E PROMOVA A SIMPLICIDADE.
- [ ] CONFIE NO GERENCIAMENTO DE PROJETOS E ESTRUTURE UMA EQUIPE FORTE.

Pessoas motivadas e processos bem estabelecidos são essenciais para aumentar a eficiência e melhorar os resultados.

FABIO PITORRI

> A ciência humana da **Gestão de Projetos** (sim, é uma **ciência humana**) tem hoje um vasto repertório de conhecimentos, referências e ferramentas, e a maior semelhança entre as diferentes práticas de gestão de projetos é a busca pela entrega de algo correto."

SABRINA GUZZON

Sabrina sugere o termo

> FULL SCORE" como uma visão ampliada. Na Figura 4 (p. 52), GP (Gestão de Projetos) está no centro, mas isso não significa que o foco esteja ali. Muito pelo contrário. O foco é o comprador do produto final, ou seja, o cliente. E toda a ação é feita para ser vista e fazer sentido para ele.

Full Score

- Uma forma de digitalizar
- Processos
- Organização
- Pensamento Colaborativo
- Um modo de pensar e atuar
- **GP**
- Foco em resultados melhores e monitorados
- Um jeito de estruturar o formato das equipes
- Cronograma
- Controles
- Documentação
- Flexível

FIGURA 4: *FULL SCORE*

Estamos falando de uma estrutura, em que cada atividade integra a equipe e os consumidores no desenvolvimento do produto ou serviço encomendado, de forma colaborativa. Portanto todos são fazedores e contam com gerentes de projetos conduzindo processos.

TONY MELLO

> Tony acrescenta:
> Para as empresas que já incorporaram a prática desse jeito ágil e moderno de fazer acontecer seus projetos, parabéns! Elas têm futuro certo. No entanto, se parece estranho, é um bom momento para repensar as estratégias."

CAPÍTULO 4

INTELIGÊNCIA RAPIDEZ
FLEXIBILIZAÇÃO
CONCEITOS FEEDBACK
DE PROJETOS UTAH
COLABORAÇÃO

CÍPIO E
CÍPIOS

COLABORAÇÃO
DE PROJETOS UTAH
CONCEITOS FEEDBACK
FLEXIBILIZAÇÃO
INTELIGÊNCIA RAPIDEZ

QUANDO TUDO COMEÇOU

A FICAR MAIS ÁGIL

O grande passo para o desenvolvimento de ferramentas e processos de Gestão de Projetos foi dado em 1969, com a fundação do *Project Management Institute* (PMI).[9] Posteriormente, o lançamento do Guia PMBOK formulava um conjunto de boas práticas e pretendia gerar conhecimento, promovendo a gestão de projetos como profissão certificada. Na esteira do PMBOK surgiu a metodologia Waterfall e, nos anos 1980, as abordagens sobre metodologias ágeis começavam a ser pensadas e debatidas.

Em 2001, foi lançado, em Utah, Estados Unidos, o Manifesto Agile,[10] escrito por 17 líderes de tecnologia e visto como um contraponto ao que propunha o renomado PMI. O Manifesto Agile defendia o desenvolvimento de projetos com trabalho mais leve e respostas ágeis às mudanças, com flexibilidade e eficiência, e controladas por uma equipe com autonomia.

Enquanto escrevia este livro, desenvolvi uma tese nada comprovada: o Manifesto Agile surgiu como um alerta às condições de trabalho e ao desconhecimento em relação à gestão de projetos. Repito: é apenas uma interpretação pessoal.

A gestão de projetos precisa expandir seus horizontes para além da tecnologia, por mais vasto que seja esse campo. É essencial disseminar técnicas, conhecimento e boas práticas para outras indústrias, as quais podem se beneficiar das metodologias e práticas. Destaco, especialmente, a adoção dos valores do Agile, que podem promover uma transformação positiva em diversos setores.

---

9 Disponível em: https://www.pmi.org. Acessado em: 19 nov. 2024.

10 Disponível em: https://agilemanifesto.org/. Acessado em: 19 nov. 2024.

JON KERN

> " Eu trabalho para ajudar pessoas a aprenderem sobre os princípios do Agile, tentando, ao mesmo tempo, entender os conceitos de 'pessoas e cultura', que são, na verdade, os aspectos mais importantes para o sucesso. A jornada começa com a necessidade de mostrar grande humildade, sendo curioso e continuamente buscando feedback rápido entre agir e medir o resultado. Esses conceitos simples se aplicam ao desenvolvimento de um software, ou de uma campanha publicitária, ou ao processo de integração de um novo cliente.

PELO CAMINHO, A EQUIPE DESCOBRE A BELEZA DA COLABORAÇÃO.

Décadas depois do lançamento do Manifesto Agile, as palavras ainda soam verdadeiras. Leia e trabalhe para descobrir o que significam para você. E não caia na armadilha de seguir algum processo mecânico ao pé da letra. Use o seu contexto e a sua inteligência."

> "O primeiro princípio do Manifesto **AGILE RECOMENDA VALORIZAR PESSOAS E INTERAÇÕES**, acima dos processos e ferramentas. E isso é o mais difícil. O que você realmente precisa é de feedback rápido para agir imediatamente. Agile utiliza feedback para constantes ajustes em um ambiente altamente colaborativo."

ANDY HUNT

CAPÍTULO 5

AG

SHU-HA-RI SCRUM
SCRUM DESIGN THINKING
KANBAN LESS XP
SAFE TDD IBM RUP
FDD AUP LEAN

ILE

MBAN SPRINT
G MÉTODOS PROCESSOS
DSDM PRINCE2
P RAD NEXUS DA
ASD CRYSTAL

FERRAMENTAS E TRABALHO COLETIVO

Metodologias Agile de Gestão de Projetos utilizam ciclos curtos de trabalho, com uma abordagem iterativa (que se repete) e incremental, desenhada para acomodar mudanças e gerar melhorias contínuas por meio de um ambiente de constante aprendizado. São flexíveis, com soluções abertas, que se moldam para funcionar em cada tipo de cenário.

A aplicação de duas ou mais metodologias, até mesmo na mesma empresa, é possível, pois se ajustam para atender a diferentes necessidades e perfis de equipes. Essa adaptação é chamada de customização de processos.

Pode-se chegar a níveis de detalhamento, para avaliar a produtividade e precisão das estimativas de tempo, observando cada tarefa para garantir a visibilidade do andamento do processo: monitorando se está mais rápido ou mais demorado do que o previsto. Assim, futuras estimativas de tempo baseadas na real produtividade da equipe são ajustadas. Ou ainda, é possível promover adequações das expectativas e do escopo, para cumprir acordos iniciais. Aumentar a velocidade e capacidade da equipe não quer dizer sobrecarga. O planejamento da capacidade deve ser contínuo para cuidar das pessoas e da qualidade.

A publicidade e o marketing estão entre os cenários dinâmicos, em constante ebulição. São ambientes vivos, ativos, curiosos, onde muitas vezes não se sabe exatamente o que será criado e construído, e em quanto tempo. Por isso, as Metodologias Agile são adequadas para essa indústria, pois flexibilizam a mudança de direção de forma organizada, durante o desenvolvimento do projeto.

A etapa *discovery* ("descoberta", numa tradução livre) é um dos primeiros passos, e a colaboração é indispensável. Parte-se do pressuposto que consumidores ou clientes, e criadores ou desenvolvedores, inicialmente desconhecem todos os requisitos para o desenvolvimento do ciclo de vida do projeto. É um mix de humildade e vontade de fazer melhor. Assim, incertezas são esperadas, e atitudes como proatividade e responsabilidade são estimuladas, como formas de entregar valor rapidamente, com melhorias contínuas. A autonomia, o erro, o acerto e os resultados são atribuídos a todo o grupo. Logo, todos devem se esforçar para "sair dos seus quadrados" quando necessário.

Agilistas buscam entregar resultados palpáveis, encorajam a inovação e utilizam técnicas para garantir a eficiência da informação. Entre elas: comunicação em dois sentidos; escuta ativa; radiador de informação; espaço da equipe (quando profissionais se juntam em espaço físico ou abrem formas de interação contínua on-line); ferramentas de gestão de tarefas (como Smartsheet, Trello, Jira, Gantter, Hive, monday.com, Asana e MS Project).

ANA GONZALEZ

" Ferramentas são essenciais. Elas nos trazem insights, dados e aprendizados que permitem o acompanhamento e a possibilidade de revermos nossas estratégias em tempo real. Algumas delas, por exemplo, nos auxiliam a entender melhor o cliente, seu comportamento e ter, com ele, uma relação mais próxima e personalizada. Outras monitoram nossa performance, para um ganho de produtividade maior. O desafio é enorme e constante, mas, com o apoio de profissionais especialistas, conseguimos identificar as ferramentas mais adequadas de acordo com nossos objetivos e necessidades."

JAQUELINE TRAVAGLIN

❝ A Transformação Digital se tornou uma obrigatoriedade, influenciando as estratégias e práticas. Colocando uma lupa na gestão operacional das agências, o trabalho tem passado por profundas mudanças, com integração de ferramentas de *workflow* para monitoramento de projetos e equipes, automação de processos e análise de desempenho. A otimização de fluxos de trabalho, por meio de plataformas colaborativas e de sistemas de gestão integrados, permite uma maior eficiência operacional. Contudo a adaptação às mudanças tecnológicas exige não apenas investimentos em ferramentas, mas também uma cultura organizacional flexível, e equipes capacitadas para lidar com as demandas dessa nova era Digital."

MAURO CAVALLETTI

" A democratização da criatividade, as viradas profundas nas culturas profissionais e a velocidade incontrolável das mudanças não trouxeram apenas rupturas para a propaganda e outras indústrias criativas. Também trouxeram abertura para novas mentalidades.

De certa maneira, vivemos o momento perfeito para o exercício da criatividade: as situações complexas que estamos encarando pedem soluções em um ritmo assustador, trazendo, para a frente do palco, as mentes mais criativas e prontas para a liderança, em momentos de reinvenção sistemática.

Estamos em plena aceleração na revisão de modelos, gerando novas estruturas de práticas criativas bem mais alinhadas às novas culturas de negócios. Práticas que acolhem, por definição, a pluralidade de pontos de vista, celebram diversidade cultural e cognitiva e são capazes de gerar respostas com múltiplas dimensões narrativas, em prazos antes impensáveis.

CONSTRUIR NAS IDEIAS DO OUTRO NÃO BLOQUEIA A CRIATIVIDADE DE NINGUÉM – MUITO PELO CONTRÁRIO, CONSTRÓI ABUNDÂNCIA.

O exercício da criatividade pede a quebra de normas e muita experimentação. Afinal, abandonar o conforto é a regra.

Para quem quer aplicar processos ágeis de criação coletiva, o mercado oferece soluções interessantes, operadas por times experientes que têm grande chance de levar o projeto a resultados de qualidade surpreendente. Quase sempre customizados pelas equipes que os exercem, oferecendo um caminho de flexibilidade e adaptabilidade constante, que segue a mesma evolução criativa dos ambientes onde são empregados.

Nos anos em que venho trabalhando com métodos de cocriação ágil, tive oportunidade de atestar suas aplicações em contextos muito diversos, desde instalações de arte interativas a campanhas publicitárias, na geração de novos produtos, na inovação de negócios inteiros e, até mesmo, na reativação da economia de cidades impactadas por desastres ambientais.

Os sistemas de cocriação são elementos nativos da cultura de tecnologia e são partes essenciais de seu êxito. Como ela, continuam em plena evolução. São abordagens abertas em contínuo desenvolvimento, com espaço para crescimento, onde a criatividade é presente desde a raiz e funciona em perfeito alinhamento com as transformações culturais das indústrias que servimos.

São novas caixinhas criativas, desenhadas como experiências transformadoras para quem quer sair da sua própria caixa e tentar algo novo por profissão, necessidade ou curiosidade.

EM CASO DE DISRUPÇÃO, QUEBRE A CAIXINHA."

ARIE VAN BENNEKUM

" TORNAR-SE AGILE É TRANSFORMAR TAREFAS INDIVIDUAIS EM TRABALHO COLETIVO."

Mais tarde, os princípios Agile foram incorporados ao PMI.

Agile e Waterfall, qual das duas é a melhor? Existem ferramentas que avaliam qual é a metodologia mais adequada a cada empresa ou projeto. Os filtros (como algumas ferramentas são chamadas) sugerem a análise de tamanho da equipe, experiência, periodicidade de entregas, complexidade, poder de decisão, mudanças ao longo do projeto, entre outros. É interessante experimentar as ferramentas para coletar dados, que ajudarão na tomada de decisão por uma ou outra metodologia. Eu, particularmente, não acredito em formas e verdades únicas e definitivas como fonte de conhecimento. A certeza que eu tenho é que mudanças ocorrem, sim, no desenvolvimento de projetos, e que a agilidade é uma prática empírica. A confirmação de resultados vem por meio de observações e experimentos.

Como o próprio nome diz, Waterfall é uma metodologia cujo desenvolvimento se dá em etapas sequenciais: uma cascata de ações, uma após a conclusão da outra. É frequentemente descrita como preditiva, pois o planejamento e os requisitos são concluídos antes do início do desenvolvimento do projeto. E apenas após a conclusão desta etapa, os testes e ajustes são realizados, monitorados — e o produto finalizado.

Eu destaco que modelos flexíveis oferecem maior ajuda na gestão de mudanças, pois praticam um dos princípios mais importantes do Manifesto Agile:

MUDANÇAS, SEJAM BEM-VINDAS.

Uma forte cultura Agile pode incrementar a performance comercial em 277%.[11]

---

[11] Disponível em: https://www.agilebusiness.org/resource-report/state-of-agile-culture-report-2023.html. Acessado em: 19 nov. 2024.

SCRUM E DESIGN THINKING

DAVE WEST

> No início dos anos 1990, Jeff Sutherland e Ken Schwaber estavam frustrados com a dificuldade de trabalhar na entrega de softwares. Isso levou ao desenvolvimento da metodologia Scrum, inspirada pelo artigo "The New New Product Development Game", publicada na Harvard Business Review.[12]
>
> Scrum fornece o necessário para um time planejar e entregar eficiência e, ao longo dos anos, tem evoluído. Atualmente, está sendo usado por milhões de pessoas e indústrias, que lidam com trabalhos complexos. No coração do Scrum está a *Sprint*: que oferece valor, empacotado como produto, entregue e revisado pelos *stakeholders*. E o ciclo praticado na *Sprint*, como aprendizado e revisão contínua, segue, até que o objetivo seja atingido.
>
> Scrum é um *framework*, não um processo. Inclui artefatos, eventos e responsabilidades, descrevendo como trabalhar coletivamente.
>
> Scrum encoraja que as entregas sejam transparentes quanto a resultados e experiências, para assegurar o progresso e a direção certa. Scrum incentiva equipes empoderadas e autogerenciadas a aprender fazendo.

---

12 TAKEUCHI e NONAKA, 1986.

O Guia Scrum prega que um produto é um veículo para entregar valor; seja um serviço, um produto físico, ou algo mais abstrato."[13]

---

[13] Disponível em: https://www.scrum.org/resources/scrum-guide. Acessado em: 14 nov. 2024.

Planning
O que fazer:
Método

Daily Meeting
Daily Meeting
Daily Meeting

Sprint

Review
O que está funcionando:
Decisões

Daily Meeting
Daily Meeting

Sprint

Retrospective
Sobre o que refletir:
Aprendizados

FIGURA 5:
EVENTOS

Os eventos e os artefatos são fundações para que a equipe encontre as melhores práticas em cada projeto.

Planning são as reuniões pré-projeto para definir todas as atividades e ordens de execução da *Sprint*. Momento de alinhar escopo, processo, ferramentas, prazos e responsabilidades, para guiar a equipe. Estabeleça critérios de aceitação (*DoD – Definition of Done*) e aprovação do trabalho. Isso é a chave para a produtividade.

Sprint é o período limitado, frequentemente chamado de *time box*, em que as tarefas serão executadas. As tarefas são organizadas em um *backlog*, ou lista, e podem ser chamadas de *user stories*, quando escritas numa visão não técnica, e sim do usuário ou cliente.

A *Daily Meeting* acontece todos os dias, para que a equipe trate de atividades realizadas, impedimentos e próximas atividades. Os status e as soluções não devem ser aprofundados, e sim tratados em reuniões subsequentes.

Durante as reuniões de *Review*, discussões são feitas a partir do trabalho executado, com diagnósticos sobre o que está funcionando e o que pode ser melhorado.

E, na *Retrospective*, reunião realizada no final do projeto, o time avalia os aprendizados. Vale celebrar os resultados, selar a conclusão do projeto, identificar feedback e documentar, para que sirvam de base comparativa e consulta em futuros projetos.

Práticas simples, como anotar o que deve ser feito, quem deve fazer e acompanhar os próximos passos, geram impactos positivos. Também é recomendado o preparo antes das reuniões para que elas sejam produtivas.

Metodologias nem sempre trazem respostas. Por vezes, trazem perguntas importantes sobre a eficiência do trabalho, para serem respondidas por especialistas ou por toda a empresa.

Métodos são como guias, mas a maior certificação é o sucesso na condução dos projetos.

Essa é a principal missão dos gerentes de projetos: concluir os projetos com eficiência. Sua maneira de trabalhar será o seu maior diferencial competitivo.

O *Massachusetts Institute of Technology* (MIT), uma das universidades mais respeitadas do mundo, inspira a inovação e motiva a busca e a aplicação de novos conhecimentos. Alunos especialistas e candidatos a gênios procuram mudar o mundo e o comportamento da humanidade por meio de suas ideias, que unem tecnologia, disciplina e metodologia.

No curso *Mastering Design Thinking*, o método é ensinado como um poderoso processo para solucionar problemas. E tudo começa pelo entendimento das necessidades não atendidas do consumidor. A partir desse insight, começa o processo da inovação, que engloba desenvolvimento de conceito, aplicação de criatividade, protótipo e experimentação.

Quando a metodologia *Design Thinking* é aplicada aos negócios, a taxa de sucesso para a inovação aumenta substancialmente.

Design Thinking

Problema → **Solução**

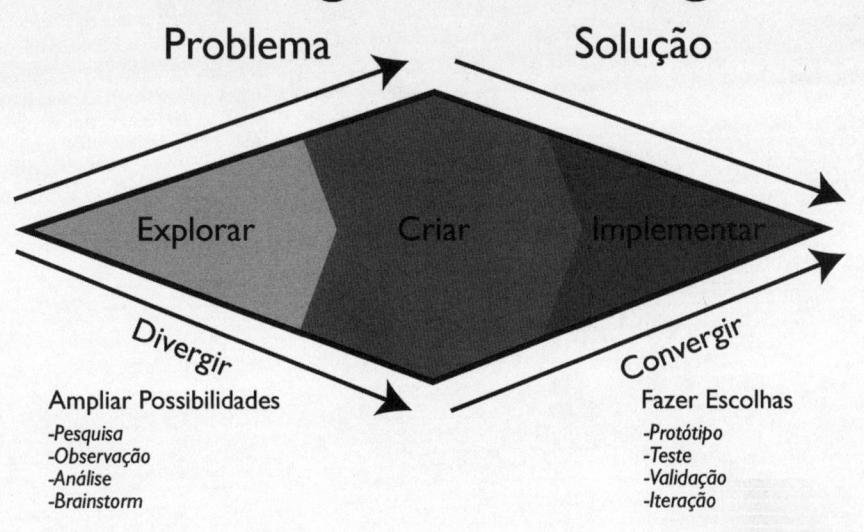

Explorar — Criar — Implementar

Divergir — *Convergir*

Ampliar Possibilidades
-Pesquisa
-Observação
-Análise
-Brainstorm

Fazer Escolhas
-Protótipo
-Teste
-Validação
-Iteração

FIGURA 6:
DESIGN THINKING

Quando a liderança se abstém de participar da identificação do problema e apenas se envolve na busca por soluções, ela acaba restringindo seu próprio potencial.

METODOLOGIAS E PROJETOS EFICIENTES

LEAN Manufacturing

Também chamada de *Just-in-time* ou JIT, é considerada a raiz do Agile. Originado na indústria automotiva com o fluxo de produção Ford, este método ganhou fama como Toyota Production System (TPS). O "jeito Toyota" desenvolvido por Taiichi Ohno elimina passos que não têm valor para consumidores do produto final, reduzindo tempo de produção. A prioridade é satisfazer o consumidor através de entregas contínuas. Décadas após o surgimento, o pensamento Lean segue eficiente e indispensável, reforçando comportamentos de humildade e respeito.[14]

---

14 Lean Enterprise Institute. Disponível em: https://www.lean.org/. Acessado em: 11 dez. 2024

KANBAN

Kanban balanceia a demanda do consumidor e a capacidade de negócios, utilizando quadros visuais, que podem ser chamados de raias de piscina, listando, de forma transparente, as tarefas a serem executadas. O *pull system* (sistema puxado) também é visto como uma forma de implementar Lean.

Kanban busca melhorar o moral da equipe, demonstrando que entendimento rápido ajuda a diminuir a pressão por resultados.

Os princípios são: visualizar o fluxo de trabalho; limitar o trabalho em andamento (para ajudar no foco); evitar multitarefas e sobrecargas (causas eventuais de atrasos ou de projetos com baixa qualidade); medir e gerir o fluxo; explicitar os processos; aplicar modelos para reconhecer as oportunidades de melhorias.

As cerimônias no Kanban são chamadas de *cadences*: revisão de risco; reunião de revisão de estratégia; reunião diária (*daily stand up*); revisão de entrega de serviço; reunião de revisão de operação; reunião de reabastecimento; planejamento de entrega.

Os valores indispensáveis são: transparência; balanceamento; colaboração; foco no consumidor; fluxo de trabalho; liderança; entendimento; concordância.[15]

---

15 Disponível em: https://kanban.university. Acessado em: 31 out. 2024.

SCRUMBAN

Criado por Corey Ladas, o método híbrido, com *Sprints* do *Scrum* e quadro de tarefas do *Kanban*, permite equipes especializadas, com perfis e funções específicas ao projeto (diferentemente do Scrum, que sugere equipes multifuncionais). A principal diferença entre *Scrum* e *Scrumban* é que este último permite mudanças, a qualquer momento, durante a *Sprint*.[16]

---

16 LADAS, 2009.

LeSS (Large-Scale Scrum)

Cocriado por Craig Larman e Bas Vodde, expande o fluxo de trabalho *Scrum* para múltiplos times simultaneamente e mantém os valores do Scrum: compromisso; foco; abertura; respeito; coragem. Técnicas e ferramentas são minimalisticamente usadas para aumentar a escala de entrega e atingir os objetivos, incentivando experimentos, equipes autogerenciadas, cross-funcionais e duradouras. O método sugere dividir o planejamento em duas partes: 1) O que fazer e 2) Como fazer. Entre os princípios aplicados, estão: a melhoria contínua em direção à perfeição, a transparência e o fazer mais com menos.[17]

---

17 Disponível em https://less.works/. Acessado em: 19 nov. 2024.

XP (eXtreme Programming)

Utiliza dois programadores trabalhando juntos. Enquanto um desenvolve, o outro revisa em tempo real. Essa prática foi criada por Kent Beck e aperfeiçoada por Ron Jeffries e Ward Cunningham, coautores do Manifesto Agile,[18] e pode ser chamada de teste e feedback.

A integração é contínua, do começo ao final do processo. Frequentemente é aplicada como forma adicional de teste de qualidade. Cinco valores são colocados em prática: comunicação, simplicidade, feedback, coragem e respeito.

XP originou alguns termos do Agile, como *user stories* e *collective ownership*. Neste *framework*, consumidor e equipe do projeto desenham, juntos, os requisitos e as condições de qualidade.[19]

---

18 CUNNINGHAM et al., 2001. Disponível em: https://agilemanifesto.org/. Acessado em: 19 nov. 2024.

19 BECK; ANDRES, 2004.

RAD (Rapid Application Development)

RAD baseia-se no planejamento mínimo para iniciar rapidamente um protótipo, que será testado na prática e melhorado.[20]

---

20 MARTIN, 1991.

DSDM (Dynamic Systems Development Method)

Inicialmente baseada na RAD, imprime a participação contínua do consumidor e o empoderamento da equipe, e prega que **NADA É CONSTRUÍDO PERFEITAMENTE NA PRIMEIRA VEZ**. Os oito princípios da DSDM são: foco na necessidade de negócios; entrega no prazo estabelecido; colaboração; qualidade; construção incremental; desenvolvimento iterativo; comunicação constante; controle.

Neste modelo, custo e tempo precisam ser fixos, enquanto as funcionalidades podem variar. O planejamento é mínimo para chegar ao protótipo mais rapidamente.[21]

---

21 Disponível em: https://en.wikipedia.org/wiki/Dynamic_systems_development_method. Acessado em: 19 nov. 2024.

ASD (Adaptive Software Development)

Metodologia criada nos anos 1990 por Jim Highsmith, coautor do Manifesto Agile, e Sam Bayer, também inspirada no RAD (Rapid Application Development). O ASD incorpora as incertezas como fator presente em todo trabalho e sustenta que **O SUCESSO VEM DA CONSTRUÇÃO CONTÍNUA DE CONHECIMENTO**, com aplicação em três fases: especulação, colaboração e aprendizado.

As definições de escopo e plano estão presentes em forma de miniespecificações, e o aprendizado é materializado em reunião ou documento de *post mortem*.[22] A tolerância às mudanças é um exercício constante, assumindo que, frequentemente, as coisas não vão acontecer conforme planejado. E que entregas de alto valor para o cliente precisam ser incorporadas.

A velocidade é incentivada via tempos limitados (*time boxes*), com ciclos evolutivos. A gestão de riscos é foco ao longo de todo o projeto, reduzindo a probabilidade de insucesso e corrigindo rotas rapidamente. Os integrantes do projeto precisam selar um acordo de valores mútuos, para que haja respeito, confiança, participação e compromisso.[23]

---

22 *Post mortem*: após a entrega do projeto.

23 HIGHSMITH, 1999.

PRINCE 2

Baseia-se na criação de um plano claro antes do início do projeto, com o objetivo de melhorar o desempenho de indicadores de tempo, qualidade e risco.[24]

---

24 Disponível em: https://www.prince2.com/usa. Acessado em: 19 nov. 2024.

CRYSTAL

Desenvolvida por Alistair Cockburn, um dos coautores do Manifesto Agile, foca nas pessoas, não nos processos; e incentiva que derrubemos a burocracia.[25]

---
25 COCKBURN; BECKER; FULLER, 2004.

SAFe (The Scaled Agile Framework for Enterprise)

Criada por Dean Leffingwell, em 2011, facilita práticas Agile que ampliam a utilização da metodologia e o seu uso em situações complexas, sincronizando o trabalho entre inúmeras equipes. Alinhamento é um dos valores da SAFe e, entre seus princípios, estão: a visão econômica, a preservação de opções e a redução das entregas para pequenos pacotes (*batches*).[26]

---
26 Disponível em: https://scaledagileframework.com/. Acessado em 11 dez. 2024.

TDD (Test-Driven Development)

TDD é desenvolvimento direcionado por testes. Teste. Teste. Teste...[27]

---
27 "What is Test-Driven Development?". Disponível em: https://testdriven.io/test-driven-development/. Acessado em: 19 nov. 2024.

FDD (Feature-Driven Development)

Criada por Peter Coad e Jeff De Luca, FDD indica iterações curtas com cinco etapas: modelagem; lista de funcionalidades; planejamento; design; e construção. Baseado em práticas de engenharia de software, a abordagem não tem foco em tarefas, e sim em funcionalidades (*features*).[28]

28 IT-AGILE, 2007. Disponível em: https://www.it-agile.de/fileadmin/docs/FDD-Interview_en_final.pdf. Acessado em: 19 nov. 2024.

RUP (Rational Unified Process)

É um processo de desenvolvimento de software que indica o passo a passo, considerando o Waterfall. Uma das três disciplinas que auxilia no desenvolvimento em RUP é a gestão de projetos. As quatro fases do ciclo de um projeto em RUP são: começo (definição de escopo); elaboração (gestão de risco); construção (desenvolvimento); transição (disponibilização para o usuário).[29]

29 KRUCHTEN, 2003.

AUP (Agile Unified Process)

Desenvolvida por Scott Ambler, é uma simplificação do RUP, com práticas de testes TDD (método focado em testes). Há liberdade para a escolha de ferramentas e para uma personalização da própria AUP, conforme necessidades do projeto. Os princípios pregam foco nas atividades de maior valor e reforçam que o time sabe o que está fazendo.[30]

30 Verbete "Agile unified process" na Wikipedia. Disponível em: https://en.wikipedia.org/wiki/Agile_unified_process. Acessado em: 20 jan. 2024.

DA (Disciplined Agile)

Criado por Scott Ambler e Mark Lines, DA é orientado ao aprendizado, considerando as pessoas em primeiro lugar. Este *framework* híbrido combina práticas de metodologias diversas, para simplificar a tomada de decisões e as soluções, ao longo do desenvolvimento. Tudo começa com os objetivos dos processos, aplicando *Design Thinking*, mapeando vantagens e desvantagens para, por exemplo, melhorar qualidade ou gerenciar tarefas. Encantar e impressionar consumidores são princípios do DA.[31]

---

[31] AMBLER; LINES, 2020.

NEXUS

Framework aplicado para escalar Scrum, conectando o trabalho simultâneo de diferentes equipes. Foi desenvolvido por Ken Schwaber, um dos criadores da própria metodologia Scrum e coautor do Manifesto Agile. Por isso, Nexus segue as mesmas práticas. Tem, como foco, identificar e minimizar dependências entre atividades paralelas, que podem se tornar críticas para a entrega do projeto. Autores e autoridades gostam de dizer que Scrum continua sendo Scrum.

Outros termos comumente utilizados para dar escala ao Scrum são: SoS (Scrum of Scrum, para cinco equipes); SoSoS (para 25 equipes) e metaScrum (reunião entre líderes de equipes Scrum).[32]

---

[32] Scaling Scrum with Nexus. Disponível em: https://www.scrum.org/resources/scaling-scrum. Acessado em: 19 nov. 2024.

SPRINT

Não confundir com as *Sprints* do Scrum.

Com similaridades em práticas do Design Thinking, ensinado nas badaladas escolas Ideo e Hyper Island, o modelo desenvolvido, no Google, por Jake Knapp, promete resolver grandes problemas, testando novas ideias em cinco dias. A organização do tempo, com etapas a serem cumpridas ao longo da semana, guiará a evolução do projeto, provando que é possível fazer mais rápido quando há organização.[33]

---

33 KNAPP et al., 2019.

Gerentes de projetos especializados em metodologias ágeis, os agilistas, como gostam de ser identificados, seguem os princípios orientais que modificam o fluxo normal de processos e alcançam melhores resultados.

Neste ponto, os princípios da arte marcial japonesa Aikido entram em cena, para contribuir com o aprendizado e o desenvolvimento prático de projetos, em estágios: Shu-Ha-Ri.[34]

Em tradução livre:
SHU = aprender, implantar e seguir as regras
HA = testar novas possibilidades
RI = reinventar as normas

---

34 Disponível em: https://en.wikipedia.org/wiki/Shuhari. Acessado em: 19 nov. 2024.

ABORDAGENS:

SIMILARIDADES E DIFERENÇAS

A té aqui, vimos as principais metodologias disponíveis no mercado. Existem diversas bibliografias que se propõem ao detalhamento das abordagens e especificidades. O objetivo é chamar a atenção para a pluralidade de estratégias de trabalho. Quando o assunto é ser mais eficiente no ambiente de projetos e negócios, não faltam opções.

	1 Valores	2 Princípios
Scrum	Compromisso; Foco; Abertura; Respeito; Coragem.	Controle via processo empírico. No Scrum, o processo empírico é baseado em observação de evidências e experimentação, ao invés de teoria. Auto-organização; Colaboração; Valor; Priorização; Tempo-limite; Desenvolvimento interativo.
Kanban	Transparência; Equilíbrio; Colaboração; Consumidor; Foco; Fluxo de trabalho; Liderança; Entendimento; Acordo.	Fluxo de trabalho visual; Volume de trabalho limitado; Medir e gerir o fluxo; Deixar explícitos os processos; Utilizar modelos para identificar melhorias e oportunidades.
Scrumban	Valores do Scrum + Kanban.	Gestão organizacional.
Scaled Agile Framework (SAFe)	Alinhamento é um dos principais valores.	Visão econômica e preservar opções.
Large-Scale Scrum (LeSS)	Valores do Scrum.	Large-Scale Scrum é Scrum; Processo empírico de controle; Transparência; Mais com menos; Foco no produto inteiro; Centrado no consumidor; Melhoria contínua em direção à perfeição; Pensamento de sistemas; Lean; Teoria de fila.

QUADRO 1:
ANÁLISE COMPARATIVA DE MÉTODOS AGILE
FONTE: ELABORADO PELO AUTOR.

3 Cerimônias	**4** Artefatos	**5** Funções	**6** Fortalezas
As cerimônias no Scrum são chamadas de eventos: Sprint; Planejamento da Sprint; Scrum diária; Revisão da Sprint; Retrospectiva da Sprint.	Pendências (backlog) do produto; Pendências (backlog); Incremento.	Product Owner, Scrum Master e Desenvolvedores.	Fluxo de trabalho (framework) claro e fácil.
As cerimônias no Kanban são chamadas de cadências: Revisão de riscos; Reunião de revisão de estratégia; Reunião diária (Stand Up); Revisão de entrega de serviço; Reunião de revisão de operações; Reunião de reabastecimento; Planejamento de entrega.	Quadro Kanban Board e suas partes, tais como listas, cartões visuais, limites de trabalho em andamento (Work-in-progress) etc.	Gerente de solicitação de serviço (Service Request Manager - SRM) e Gerente de entrega de serviço (Service Delivery Manager - SDM).	Flexibilidade; Foco em entrega contínua; Redução do desperdício; Aumento de produtividade; Aumento de eficiência; Equipe com habilidade para focar.
Planejamento da Sprint; Sprint Diária; Pendências (backlog) do produto; Refinamento; Revisão da Sprint; Retrospectiva da Sprint.	Artefatos do Scrum + quadro Kanban.	As funções da equipe no Scrumban são mais especializadas e menos cross-funcional.	Flexibilidade.
Planejamento da Sprint; Scrum diária; Refinamento das pendências (backlog); Revisão da Sprint; Retrospectiva da Sprint.	Histórias (Stories).	Funções associadas com diferentes níveis: Equipe, Programador, Solução e Portfólio.	Prover alinhamento entre os membros da equipe.
Refinamento geral de pendências (backlog) do produto; Refinamento de pendências (backlog) do produto pela equipe; Refinamento de pendências (backlog) do produto pela equipe multidisciplinar; Planejamento da Sprint 1; Planejamento da Sprint 2; Planejamento da Sprint 2 pela equipe multidisciplinar; Scrum diária; Revisão da Sprint; Retrospectiva; Retrospectiva geral.	Derivados do Scrum: Product Backlog; Sprint Backlog; Definition of Done (DoD); Increment.	Gerente; Product Owner; Scrum Master; e Equipe.	Redução de custo de implementação via práticas Scrum usadas pela equipe.

Quanto mais as metodologias de gerenciamento de equipe são aplicadas, maior é a chance de sucesso. Porém ter prática é apenas parte da equação. Para se alcançar o objetivo, outro fator é indispensável: a disposição para manejar dificuldades e oportunidades. Isso deve correr nas veias, assim como a humildade para se perguntar sempre: este é o caminho para o sucesso?

Existe uma visão de que gerente de projetos é aquela pessoa que torna o projeto uma realidade. Ou seja, é quem faz acontecer. Isso não deixa de ser uma verdade, somada ao fato de que um projeto é um trabalho pelo qual toda a equipe é responsável e tem méritos.

No entanto, a visão precisa ser mais abrangente. Gestão de Projetos não é apenas uma forma de fazer. É também um jeito de pensar e conduzir a equipe e a empresa. Todo projeto tem trajeto com começo, meio e fim, e as ações devem ser medidas e otimizadas.

Profissionais de atendimento, mídia e criação, por exemplo, devem trabalhar centrados no planejamento, como times integrados ao desenvolvimento do projeto, e não como departamentos separados.

Não há espaço no universo digital para uma atuação independente. É importante, para a empresa, atuar de maneira fluida e colaborativa, envolvendo as pessoas e valorizando menos as hierarquias.

E, mesmo assim, gerentes de projetos não deixarão de ter desafios.

MARCOS FALCÃO

" Após ter aplicado diferentes metodologias de projetos, estou convencido de que a melhor metodologia é aquela mais aderente ao problema que precisamos resolver, considerando: o time que irá trabalhar, a verba disponível, o prazo e outros fatores envolvidos no projeto.

Melhor ainda é quando utilizamos as ferramentas como um cinto de utilidades, a serviço do sucesso do projeto.

O mundo continua girando e, com ele, surgirão inovações em todas as áreas. Vamos nos apaixonar pelo problema, amar a solução e utilizar o conhecimento para resolver os desafios."

CAPÍTULO 6

ADAPTE-SE OU MORRA

CALL TO ACTION
EVOLUÇÃO DISRUPÇÃO
PROPAGANDA MODERNA
TECNOLOGIAS MULTIMÍDIA INTERA
EXPERIÊNCIA DO CONSUMIDOR HIPERS

ADAPTE-SE OU SUMA

TRANSFORMAÇÃO
ADAPTABILIDADE FORMATOS
INSIGHTS OTIMIZAÇÃO
ENGAJAMENTO PERSONALIZAÇÃO
AUDIÊNCIA *STORYTELLING*

PUBLICIDADE MODERNA: UM NOVO CONJUNTO DE FATORES

MARY CHAN

> "As fórmulas tradicionais para conectar marcas e consumidores já não são suficientes. A evolução exige novas estratégias de engajamento, devido a proliferação dos canais digitais, a preocupação com privacidade de dados e a crescente demanda por personalização. As equipes precisam ser adaptadas, implementando tecnologias emergentes, como Inteligência Artificial (IA). Isso inclui a integração de múltiplos canais de comunicação (omni-channel), a otimização de campanhas em tempo real e a automação de processos."

IZA-BELLA DOMINGUES

> A publicidade está atrelada a um **modelo industrial** de produção, com funções bem definidas, profissionais ultraespecializados e hierarquias estabelecidas. Enquanto isso, os modelos de negócios digitais estão atrelados a uma **era pós-industrial**. Colaborativa, em rede, ágil, em que papéis, funções e saberes acontecem em fluxo e as barreiras geográficas e as hierarquias tornaram-se desimportantes.

A publicidade do século XX e, particularmente, as agências de publicidade, ocupavam o papel das APIs, se usarmos uma linguagem do mundo *tech*. APIs são conectores, e o papel das agências de publicidade foi, ao longo do século XX, conectar anunciantes, veículos de comunicação e produtoras de áudio e vídeo.

Com o **capitalismo de plataforma** e, especialmente, o advento das **mídias sociais**, tudo mudou. Hoje, qualquer empresa ou empresário pode se conectar diretamente com as plataformas, pagar, produzir e veicular sua comunicação. Esse modelo de negócio implodiu as agências de publicidade, assim como aconteceu com as agências de notícias e as agências de viagens.

O século XXI, a partir da sua segunda década, viu o renascer das **house-agencies**. Ficou mais rápido, prático, barato e eficaz, para muitas empresas, contar com sua própria equipe interna para fazer acontecer a comunicação, na era digital (interativa, colaborativa, em tempo real etc.). Sem falar que o controle sobre as entregas e os prazos, além do uso das verbas, passa a estar sob o direcionamento de quem detém o budget: o anunciante.

Com a consolidação da era digital, a publicidade se torna sorrateira, observando os consumidores e seus comportamentos através das suas pegadas digitais."

FRED SIQUEIRA

" A propaganda moderna, com seus infinitos formatos e aplicações, ao mesmo tempo que requer agilidade, precisa otimizar a produção — tarefa que se torna impossível sem uma gestão de projetos eficiente."

NEAL THURMAN

" Quando qualquer coisa é feita para impressionar compradores e os veículos são pressionados por receitas, os consumidores se frustram e *ad blocks* — bloqueadores de propaganda — surgem. A privacidade de dados também é outro fator importante na decisão das pessoas. Alguns preferem mudar seus hábitos de navegação, evitando propagandas chatas e abandonando sites e vídeos que desejavam ver, quando percebem a interferência do anúncio. E, assim, marcas, produtos, veículos e propaganda são percebidos negativamente.

Em 2016, com o enorme crescimento do *ad block*, surgiu a CBA (*Coalition for Better Ads* — ou "Coalisão para Propagandas Melhores", em tradução livre) com a ambição de coletar dados globais sobre a propaganda digital e desenvolver padrões para melhorar a experiência dos consumidores.

Uma pesquisa da CBA com 60 mil participantes, em 6 continentes e 21 países, ajudou a definir padrões na propaganda em desktop e mobile, eliminando formatos que perturbavam as pessoas. *Browsers* como Google Chrome e empresas como Microsoft e a federação mundial de propaganda (The World Federation of Advertisers) e o IAB UK (Internet Advertising Bureau) adotaram os padrões. A intenção é que os consumidores não precisem usar bloqueadores de propaganda. A CBA publicou os estudos em www.betterads.org."

FRANCESCO SIMEONE

" Para que os anúncios alcancem relevância, precisamos entender que tipo de ser humano está do outro lado da tela, e quais são seus interesses e comportamentos, juntando o mundo on-line e off-line. Uma boa peça precisa:

» Ser responsiva, para se adaptar aos diferentes tamanhos dos smartphones presentes no mercado, sem desconfigurar a imagem.
» Ser intuitiva e clara, para gerar uma UX[35] que permita chegar no *Call to Action*[36] em até oito segundos, que é o tempo médio de atenção de um usuário num banner digital *full screen*.
» Aproveitar todos os recursos que o smartphone oferece, para gerar uma experiência engajadora e positiva com a marca, desde uma excelente resolução gráfica até a presença de conteúdo multimídia e interativo.
» Impactar no momento e no lugar certos, colocando a máxima atenção em não atrapalhar a experiência do usuário e tentando impactá-lo ao longo da jornada do consumidor, gerando uma conversão, no digital ou no ponto de venda físico.
» Ser estruturada de uma forma que os dados de interação possam ser quantificados e gerar insight e aprendizados com facilidade e clareza.
» Ter fontes de um tamanho que permita a visualização do texto sem dificuldade, por qualquer usuário e em qualquer dispositivo.
» Ser personalizada na base da hipersegmentação, permitindo a construção e complementaridade dos *storytellings*[37] relacionados a cada grupo de audiência."

---

[35] *UX*: experiência do usuário (normalmente cliente ou consumidor).
[36] *Call to action*: chamado para a ação.
[37] *Storytelling*: história, narrativa.

COMBINAÇÃO
DO SUCESSO

FABIO RABELO

Fabio tem a importante e bem-sucedida missão de digitalização da empresa, integrando equipes, utilizando ferramentas para otimização do trabalho e reinventando o modelo de negócio.

Sua responsabilidade passa por idealizar, implementar e gerir. Ele parte de premissas que são validadas na prática, com projetos-piloto e testes, identificando necessidades do cliente, observando o comportamento de consumo e de venda. A captação de dados é aplicada na melhoria da comunicação, dos produtos e dos processos.

Para definir prioridades, além de saber claramente aonde quer chegar, Fabio sugere os seguintes questionamentos:

> **O QUE VAMOS FAZER? POR QUE VAMOS FAZER? (ESTA RESPOSTA PRECISA SER FUNDAMENTADA E CONVINCENTE) COMO VAMOS FAZER?"**

Com entusiasmo, Rabelo persegue a melhoria constante da experiência na jornada do consumidor com persistência e trabalho. Baseado em feedback, Rabelo foi atrás para provar suas crenças. Tomou alguns nãos e não desistiu. Convenceu, montou o time e cresceu via resultados entregues.

Quanto mais relevância e valor, mais apoio ele ganha. Num processo de aculturamento, obter o engajamento das pessoas é fundamental. A colaboração é indispensável:

> **NINGUÉM FAZ NADA SOZINHO."**

MELINA ALVES

" Digital é
coparticipação."

É na conexão entre pessoas que residem as oportunidades de trabalho, eficiência e resultados. As novas dinâmicas transformaram empresas que, hoje, ocupam o topo da lista das mais valiosas do mundo. Cobiçadas por prestadores de serviços e por trabalhadores, seus líderes foram capazes de conectar o presente ao futuro. Seja qual for o seu método, todos os esforços precisam ser direcionados para conectar pessoas e criar parcerias de sucesso.

FABIO SOUZA

Depois que a Volkswagen reformulou seu website, adicionando funcionalidades para atender às necessidades das concessionárias e dos clientes, as evoluções passaram a ser baseadas em dados e testes. Otimizando velocidade de carregamento, conteúdos e experiência. O projeto se tornou um eterno MVP (*Minimum Viable Product*) que otimiza esforços de recursos e tempo, evoluindo a partir de aprendizados e resultados. Todo e qualquer projeto, produto, campanha, serviço ou profissional pode e deve ser aprimorado.

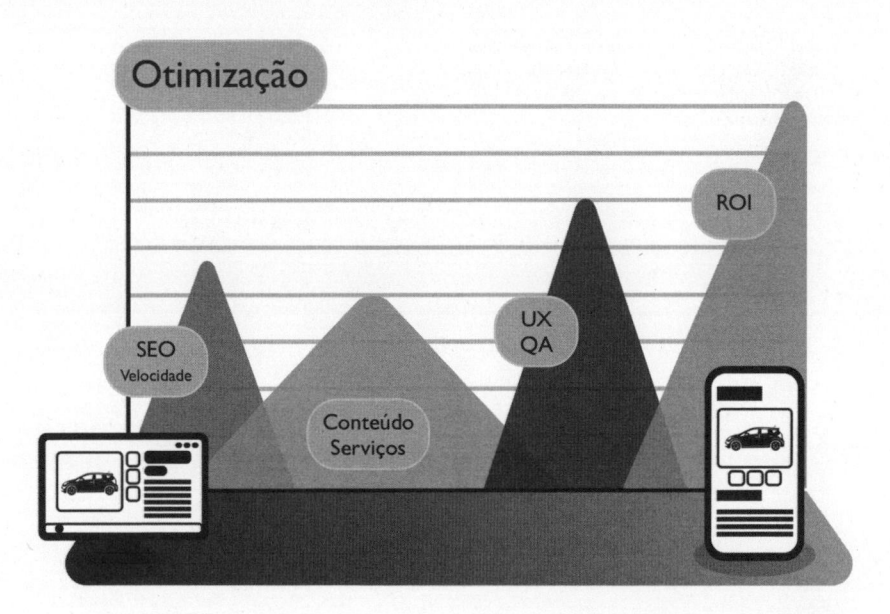

FIGURA 7:
ALWAYS BETA

ROI: RETORNO SOBRE O INVESTIMENTO.

SEO: *SEARCH ENGINE OPTIMIZATION*. TÉCNICAS DE OTIMIZAÇÃO PARA MECANISMOS DE BUSCA.

UX: *USER EXPERIENCE* (EXPERIÊNCIA DO USUÁRIO).

QA: *QUALITY ASSURANCE* (TESTE DE QUALIDADE).

Fabio Souza define o projeto como

> uma oportunidade para a Volkswagen, no mundo digital, para atender a rede de concessionárias e Vendas & Marketing. Esse foi o briefing[38] e o momento exato do enorme progresso que daríamos para mudar a maneira de comprar carro na Volkswagen do Brasil.

> Tive o prazer de liderar o desenvolvimento de uma plataforma que mudou de vez o e-commerce da companhia. Um trabalho com profissionais competentes que atuaram como parceiros. Foi essa a combinação do sucesso."

---

[38] *Briefing*: documento que servirá como um guia para a execução de um projeto. Fonte: MindMiners. Disponível em: https://mindminers.com/blog/o-que-e-briefing/. Acessado em 14 nov. 2024.

SEBASTIAN MACKINLAY

" Responder, em tempo real, às mudanças de um mercado fortemente impactado pela Transformação Digital, deve estar no cerne de qualquer empresa.

Neste cenário, é preciso reconhecer que a otimização dos processos e a gestão eficiente do tempo e das pessoas, que são algumas das técnicas aplicadas pela gestão de projetos, têm muito a contribuir."

CAPÍTULO 7

ESTR
TÁTICAS

ESTRATÉGIAS E MÍDIAS DIGITAIS

TESTES MIA
PESSOAS
RESILIÊNCIA
PERFORMANCE
EXPERIENCE ESCALA MÍDIAS
ANALÍTICA PLANEJAMENTO VALORES

PARECE COMPLEXO, MAS É SIMPLES PARA OS ESPECIA- LISTAS

VALDIR NASCIMENTO

"Liberdade, dentro dos processos, ajuda em muitos contextos, mas é ainda mais relevante em tempos de Transformação Digital. Fala-se muito de *cases* como o de Oreo,[39] no SuperBowl, há alguns anos. Mas nem tanto das dezenas de cenários que eles desenharam antes de o jogo começar.

A marca se preparou com planejamento, cenários e estrutura. A equipe soube aproveitar primorosamente as oportunidades durante o jogo, entrando na conversa e despertando novas conversas, gerando um dos maiores casos de sucesso de *war room* e *live marketing* da história.

Neste sentido, estabelecer um processo é fundamental, começando pela clareza dos objetivos. Um bom briefing é importante, e a beleza é ter o planejamento entendendo do negócio do cliente e das dores do consumidor. Em seguida, estabelecemos uma rotina com entregas claras e ajustes ágeis. Com isso, melhoramos a performance, adequando a mensagem a cada meio e aumentando a conversão, indo do *awareness* até a compra em si."

---

39 OREO. - "Tweet in the Dark" Case Study. Disponível em: https://www.youtube.com/watch?v=bWr_IeB2dOQ. Acessado em: 16 maio 2024.

NICOLE CASSIANO

“ O que sempre brilhou meus olhos por trabalhar com o Digital é a velocidade de resposta da audiência: no tempo de fazer um macarrão instantâneo você já entende se aquilo vai ser um sucesso ou te gerar uma crise.

Por isso, o Digital exige estratégia, pesquisa e ação imediata. Simulações de cenários e todo tipo de interação são mapeados e planejados ainda antes do lançamento, criando um grande guia de respostas.

Acompanhar o desenrolar da campanha, vendo a reação da audiência, é o que deixa tudo mais dinâmico e até emocionante, permitindo alterações de rota e novas estratégias ao longo do tempo.”

FERNANDO MIGRONE

“ Há alguns anos, se fizéssemos um plano de mídia com 3 TVs abertas, 3 portais, 2 rádios e 2 jornais, seríamos capazes de cobrir quase 100% de qualquer audiência. Com o advento dos meios digitais, esse cenário mudou.

Não somente pelos veículos, como também pela dispersão da audiência entre diferentes meios e a segmentação em microgrupos, cada um com seu universo de características. Assim, o uso de dados passou a ser fundamental.

Acompanhando as estatísticas da NBA,[40] pode-se ver a diferença entre o consumo de um jogo de basquete com e sem os dados. As estatísticas dão vida ao jogo, geram conversas, comparações e até interferem na performance de um time.”

---

40 Ver em: www.nba.com/stats. Acessado em: 19 nov. 2024.

DAVID VIANNA BYDLOWSKI

❝ Nenhuma empresa é perfeita e dados nos ajudam a identificar fragilidades. Por isso, uma rede relevante de informações é essencial para conduzir bem o negócio. Contar com dados confiáveis, disponíveis, e acompanhá-los, constantemente, torna a gestão mais precisa e objetiva. Quando encontramos sinais matemáticos que apontam possíveis problemas, podemos mitigar prejuízos antecipadamente."

VINÍCIUS MALINOSKI

❝ Quando falamos de dados, estamos falando de pessoas. Nunca tivemos uma capacidade tão grande de entender o que as pessoas querem, precisam, e se conectar com elas. As plataformas servem conteúdo personalizado. A mídia já tem a capacidade de entregar uma mensagem para cada pessoa e medir seu resultado em tempo real.

Agora, a criação precisa ir além do modelo de pensamento e produção artesanal para um modelo digital, ágil e abundante. Precisamos criar um novo sistema operacional criativo capaz de ganhar escala sem perder qualidade. Capaz de ganhar qualidade ao entregar uma mensagem relevante para o momento de vida de cada um. Este é um enorme desafio criativo e de gestão de processos."

EXPE-
RIÊNCIA

DANIEL DINIZ MACHADO

> "Quanto mais memorável a experiência do consumidor, maior valor terá a marca e maior será a fidelidade de seus clientes."

MARLISON ESTRELA

> "O impacto em Customer Experience é fortemente positivo quando conseguimos criar ferramentas que apoiam toda a jornada do cliente."

> A chave em Customer Experience é trazer o consumidor para o jogo, em todas as etapas, desde o início, para testar e opinar, acelerando tanto a adequação às necessidades como o sucesso.

RICARDO FIGUEIRA

Ricardo acredita que estamos num estágio embrionário dos laços que poderão ser construídos com a Inteligência Artificial.

Ele sugere

> "amarrar a conveniência dos seres virtuais num nível quase íntimo, considerando todos os seus aspectos emocionais, culturais, funcionais e lúdicos. A experiência precisa ser interessante e o ser virtual tem que ter charme, ser autêntico, com uma personalidade cativante e ser gostável".[41]

---

[41] Disponível em: https://www.figtree.com.br/post/jp-and-jul-ia-universo-l%C3%BAdico-em-intelig%C3%AAncia-artificial-%C3%A9-coisa-muito-s%C3%A9ria. Acessado em 14 nov. 2024.

REDES E CONTEÚDO

IZABELA DOMIN- GUES

> " Os *creators* e **influenciadores digitais** se tornaram, ao mesmo tempo, o atendimento, o planejamento, a criação, a produção e a mídia. Cinco funções centralizadas num único profissional ou perfil numa rede social digital. Isso subverte as lógicas e os processos antes estabelecidos. Esses agentes têm imensa capacidade de conduzir seus seguidores, atrair e manter a atenção, pautar comportamentos e conectar com suas audiências."

MARIANA DUTRA

"A colaboração do Digital para a evolução da propaganda se dá em várias frentes, com destaque para a formação de comunidades e a influência que diferentes pessoas podem exercer nesse meio.

A utilização dessas estratégias é uma oportunidade para as marcas se tornarem cada vez mais digitais e acompanharem a modernização que vem acontecendo no mercado.

As pessoas se reúnem nas redes sociais por um interesse em comum, tanto em perfis pessoais como em perfis de marca, compartilhando experiências, dicas, conselhos e trocando informações sobre assuntos diversos, como na hashtag #BookTok no TikTok, em que as pessoas recomendam livros e dão opiniões sobre as leituras que fizeram. As empresas que aproveitam essas oportunidades e conseguem fazer parte das comunidades, de forma orgânica, se aproximam de seu público, aumentando a consideração e lealdade dos consumidores."

MARINA WAJNSZTEJN

> " As redes sociais são o maior *focus group* não estimulado do mundo. Mas vale pensar: as marcas estão dispostas a realmente ouvir o que as pessoas falam sem filtro?"

LEONARDO BELQUIMAN

Leonardo destaca a necessidade dos profissionais buscarem certa multidisciplinaridade.

> " Na era dos conteúdos em vídeo, ter uma pessoa que faz direção de arte + motion faz todo sentido.
>
> Enquanto todas as marcas e *publishers*[42] competem pela atenção do mesmo usuário, uma pessoa redatora precisa traduzir um briefing em um *call to action* criativo e também entender de estratégia. Uma pessoa que faz gestão de comunidades não pode mais se ater apenas ao planejamento de conteúdos do mês, mas também entender como escrever um *prompt*[43] ideal para usar uma Inteligência Artificial a seu favor, na hora de desenrolar aquela pauta de última hora.

---

42 *Publishers*: editores, distribuidores, publicadores ou plataformas.

43 *Prompt*: comandos, instruções.

Seria o fim dos especialistas? Não.

No entanto, gosto de dizer que todas as pessoas envolvidas na estratégia digital de uma marca ou causa precisam ser multidisciplinares.

Prefiro chamar de estrategistas de conteúdo, com habilidades em redação, e por aí vai... Assim, conseguimos desenhar um *job description*[44] abrangente o suficiente para deixar claras as expectativas da vaga e encontrar profissionais que buscam diversificar suas atuações para continuar competitivos no mercado.

Com o uso de tecnologias que facilitam a operacionalização de certas atividades, como aplicativos de animação e desenvolvimento de textos com uso de Inteligência Artificial, o que passa a valer é o entendimento do negócio e a visão estratégica, para dar os comandos certos e que vão mexer os ponteiros dos KPIs."

---

44 *Job description*: descrição do trabalho incluindo função, responsabilidade e qualificação.

IZA- BELA DOMIN- GUES

" A **inteligência artificial generativa** substituirá funções. Não todas. Mas o lugar do humano na cadeia produtiva da publicidade estará, cada vez mais, na capacidade de perceber, de maneira ampla e complexa, as transformações sociais e culturais, as mudanças dos comportamentos de consumo, antevendo desafios e oportunidades para os clientes que buscam uma visão mais estratégica e analítica. Todos os fenômenos apontados ajudam a entender também a ascensão das **consultorias**, cuja atuação ganhou força numa era em que as atividades repetitivas ficarão cada vez mais a cargo dos **robôs**."

ESCALA

ADALBERTO GENEROSO

"O aumento no consumo de conteúdos digitais, como vídeos, gera a oportunidade de qualificar o que produzimos e mapear a performance de projetos, produtos, campanhas, canais, peças e formatos.

Estamos falando dos processos automatizados executarem, criarem e tomarem decisões. É neste ponto que se encaixa a Inteligência Artificial (IA). A discussão é sobre a personalização escalável. Cada vez mais viável. Diante disso, surge o questionamento: quais as funcionalidades práticas da IA para marketing e publicidade, e como torná-las viáveis?

Para ter sucesso no uso de IA e dar espaço para a criação em escala, precisamos de um ecossistema de negócios e tecnologia, composto por agentes, atuando em uma malha que correlaciona infraestrutura, hardware, cliente com a demanda, [tendo] a agência como facilitadora e *MarTechs* como soluções. Nesse ambiente, a agência de publicidade tem o papel de conectar as dores e metas de negócio de grandes marcas às soluções tecnológicas de ponta.

IA deve ser vista como uma ferramenta para elevar a eficiência dos projetos; solução que pode ser aplicada em campanhas publicitárias personalizadas, para reduzir custos e aumentar o retorno.

Um exemplo de ferramenta que permite a operacionalização da Inteligência Artificial é o DAM (Digital Asset Management. Em português, Gestão de Ativos Digitais), que centraliza materiais digitais. O DAM é uma ferramenta de governança com produtividade, que automatiza, classifica e distribui materiais; economizando tempo e dinheiro.

O grande desafio é transformar dados em informação e, com isso, a IA generativa pode executar a conversão em conhecimento. O capital humano (ainda) é indispensável nesse processo.

IA generativa é a capacidade de a Inteligência Artificial gerar novos conteúdos a partir de comandos ou ações predefinidas, com base em um histórico. Essa base histórica tem que ser interpretada e qualificada para que, depois, a IA possa criar.

Assim, o DAM será capaz de conceber novos conteúdos relevantes, mesclando elementos, pessoas e contextos — seja para gerar imagens, banners, vídeos ou qualquer outro material para diferentes canais e objetivos."

Nos próximos anos, veremos tarefas operacionais sendo executadas por máquinas. O Gartner[45] prevê que a Inteligência Artificial deverá realizar 80% das tarefas de gestão de projetos e será cada vez mais presente, ajudando-nos a executar mais rápido. A gestão de projetos ganhará escala exponencial, sendo difundida nas empresas. Seremos mais precisos ao planejar, priorizar e decidir. Gerenciar projetos será ainda mais fascinante.

---

45 Disponível em: https://www.gartner.com/en/newsroom/press-releases/2019-03-20-gartner-says-80-percent-of-today-s-project-management. Acessado em: 19 nov. 2024.

PLANEJA-
MENTO

RANJIV RAMGOLAM

" Estratégia é sobre encontrar novas intersecções de valores para consumidores, pessoas e sociedade. Ajudar a definir necessidades não atendidas ou não percebidas é crucial. Uma grande estratégia não precisa ser vista e sim inspirar criações que entretenham e encantem."

SABRINA GUZZON

" Planejar a comunicação é exercer o rigor estratégico, conectado a dados e ao cliente, oferecendo uma visão analítica e inspiracional, assim como fazem gerentes de projetos.

O planejamento tem, como atribuição, trazer a mensagem central da comunicação, seguir o posicionamento da marca, seus valores, missão, visão e público-alvo. Esses profissionais levam a empresa de um ponto A a um ponto B, de forma objetiva. E, para isso, analisam tanto os processos internos (*stakeholders*, diretrizes) como o ambiente externo da empresa (consumidores e informações em geral).

No planejamento de comunicação e estratégia de marcas, uma das ferramentas mais utilizadas é o *Golden Circle*, de Simon Sinek, para responder:

why – o porquê da existência da empresa, seu propósito, crenças e essência;

how – de que modo acontecem as ações específicas e necessárias para responder ao *why*;

what – o que fazer para resultar no *why*.

Em palestra no TED *(Technology, Entertainment Design)*, Simon Sinek, autor e fundador da The Optimism Company, diz que existe um padrão na forma de pensar que é comum aos líderes, e presente em grandes marcas da história. Muitas pessoas e empresas pensam apenas no lucro, mas ele diz que o lucro deve ser resultado, e não o propósito e essência da marca.[46]

Outra ferramenta utilizada no processo de planejamento é a análise SWOT (Forças, Oportunidades, Fraquezas e Ameaças), que dá uma visão ampla do ambiente no qual a empresa está inserida e ajuda a construir caminhos de atuação. É uma ferramenta tática que também colabora para o processo de planejamento.

Existe uma imensidão de *frameworks* e caminhos que podem ser percorridos para o desenvolvimento de uma estratégia de marca. A verdade é que cada empresa acaba desenvolvendo sua metodologia própria, mas que cai sempre no mesmo lugar: alcançar o objetivo com eficiência. Um posicionamento claro é fruto de um insight poderoso e uma análise detalhada do cenário."

---

[46] SINEK, 2010. Disponível em: https://youtu.be/qpOHI-F3SfI4?si=aQzHjC23VPmha3Cb. Acessado em: 20 jan. 2024

FLAVIO CARDOSO

" No meio empresarial, a estratégia é fundamental para saber aonde queremos chegar, minimizar os problemas durante o percurso e mudar o rumo rapidamente, se for necessário.

A resiliência precisa estar presente no dia a dia, entendendo que derrotas e vitórias fazem parte do jogo e temos que seguir com o foco no objetivo final."

BRUNO CUNHA

> No Digital, a estratégia ganha vida de forma ágil e dinâmica, mas deve ser pautada pela marca. Saber mexer com os elementos que são mutáveis, mas respeitando os valores imutáveis da marca faz a diferença no jogo. A estratégia digital é recheada de dados, que sinalizam o comportamento das pessoas. Rigor analítico e intuição criativa são qualidades fundamentais para o planejador moderno."

MÍDIA

LEANDRO CLARO

Leandro prega a dinâmica da mídia de performance, explicando o processo:

> O *núcleo de inteligência* deve ser responsável pela definição dos guias de mídia que orientarão os planejamentos para os produtos ou marcas. As premissas básicas são: profundo conhecimento do consumidor; foco em proporcionar experiências relevantes; garantir o impacto eficiente; e comunicação integrada em todos os pontos de contato.

Já o *núcleo de operação* deve atuar em cinco frentes.

Unificação das métricas: gestão centralizada dos KPIs (indicadores-chave de desempenho) ou OKRs (objetivos e resultados-chave) de mídia, para os planejamentos estratégicos como: construção da base de clientes, análise da cobertura, frequência, gestão dos custos e investimentos em canais digitais e em veículos de mídia, relatórios etc.

Gestão e controle de marca: consolidação dos orçamentos e investimentos da marca em canais off-line, on-line, eventos/patrocínios e incentivo comercial.

Sistema de relatório em tempo real: desenvolvimento de um sistema unificado para controle de todos os dados de mídia, por meios de *dashboards* (painéis de controle) e APIs (Application Programming Interface), para acessar dados ou funcionalidades de Google, Facebook, DoubleClick, Adobe e dados internos.

Negociação de mídia: central de negociação, com pacotes de mídia avulsa e patrocínios. Rentabilização de investimentos e sinalização de sinergia de projetos entre marcas e categorias; avaliação de portfólio *versus* oportunidades.

Post buy **(pós-venda/compra):** consolidação e controle das análises da marca/categorias e controle dos resultados de volume e *ad awareness* por marca (visibilidade da propaganda), assim como definição de *benchmarks* (atuação ideal) e KPIs de campanhas.

É também importante trabalharmos a pauta da governança

em *pilares estratégicos* complementares e integrados:

Liderança: a liderança, na Central de Mídia Digital/Performance, deve inspirar as equipes, privilegiando a integração, a divisão de conhecimento, a retenção de talentos, a transparência e a autonomia por competência.

Inovação: a inovação deverá estar presente no DNA da Central de Mídia Digital/Performance, começando pela forma de estudar os *clusters* (grupos de clientes) e identificar o ponto de contato, seja em *paid* (mídia paga), *owned* (canal proprietário) ou *earned mídia* (atenção conquistada).

Processo: trabalhar com processos claros e preestabelecidos, construídos para serem abrangentes e padronizados, que respeitem as especificidades das marcas e das plataformas de compra de mídia on e off.

Sistemas: acreditar nos times de inteligência + financeiro, como facilitadores da integração e controle dos processos.

A *central* deverá possuir um sistema completo e integrado de dados, com acesso remoto e em níveis de usuários:

Controle: adotar um rigoroso controle dos processos que facilite a padronização, integração e, principalmente, o cumprimento de prazos e entregas das metas estabelecidas, KPIs (Key Points Indicators) e OKRs (Objectives and Key Results, ou seja, Objetivos e Resultados-chave).

Entrega: a excelência na entrega é o principal desafio. Por isso, esteja atento para garantir expertise na condução dos times liderados e pares (diretores e gerentes), para obter os melhores resultados sempre."

ANDRESSA PACCINI

" Uma diferença entre o mercado americano *versus* o brasileiro é não ter mídia *in-house*. São agências separadas e isso exige mais organização na coordenação dos parceiros. Alguns clientes lidam com situações parecidas quando têm partes da conta em diversas agências.

Com a facilidade do trabalho remoto, ferramentas como o Slack, que antes sofriam resistência, viraram peças fundamentais no dia a dia, reduzindo os e-mails, acelerando a comunicação, gerando mais colaboração e integração dos times. **As ferramentas melhoram o trabalho quando trazem facilidade, e não complexidade.**"

ANDRÉ ZIMMERMANN

" As agências de mídia desenvolveram ferramentas e metodologias próprias, que agregam ciência e técnica a um negócio que ainda está muito pautado por variáveis isoladas, como a audiência ou por relacionamentos entre as partes: veículos, agências e clientes.

Entre as ferramentas de mídia com as quais eu trabalhei, encontravam-se soluções para otimizar o investimento entre meios e canais, planejar a forma de distribuição da verba no tempo e construir campanhas eficazes. Era fundamental considerar variáveis de negócio e objetivos de comunicação para escolher os melhores momentos de pressão publicitária para a construção de um plano de comunicação integrado. Em todos os casos, algumas premissas importantes eram mantidas:

1. Diferentes variáveis devem sempre ser consideradas. Audiência é importante, mas não é a única informação disponível sobre os meios e canais que compõem um plano de mídia.
2. As variáveis não têm os mesmos pesos; umas são mais importantes do que as outras.
3. Os pesos das variáveis podem mudar de acordo com o contexto e os objetivos de comunicação: não é a mesma coisa fazer um plano de mídia para lançar um produto novo e para comunicar uma promoção ou incentivar o download de um aplicativo. E a mudança não é somente o número de GRPs (Gross Rating Points ou 'pontos de audiência bruta').
4. Os meios não devem ser analisados de forma independente, eles precisam ser avaliados conjuntamente e a projeção de resultados possíveis (planejamento de cenários) precisa considerar todos eles atuando de forma sinérgica e complementar.

Mais tarde, já em funções de gestor e empreendedor, busquei aplicar a lógica deste olhar, ao mesmo tempo abrangente e integrado, a outros universos de atuação. Por exemplo, com a NetCos, empresa pioneira em *influencer marketing* no Brasil, da qual sou cofundador e sócio. Desenvolvemos uma metodologia proprietária chamada SIO (Social Influence Optimization), que considera diferentes variáveis no planejamento de ações com influenciadores, como a audiência, a afinidade com o *target*, a qualidade do conteúdo, históricos de campanha e até mesmo dados externos colhidos de fontes de informação terceiras, como lembrança de marca e intenção de compra.

Essas diferentes variáveis são indexadas (para serem comparáveis) e ponderadas (atribuindo diferentes pesos) em função dos objetivos de comunicação; depois, são cruzadas com informações de custo, para gerar rankings, em uma matriz de tomada de decisão que ajuda a selecionar os melhores parceiros e, em última instância, maximizar os resultados. Neste caso, uma aplicação de ciência e dados a uma indústria que é, por natureza, mais criativa e intuitiva, mas que pode valer-se dos primeiros para ser mais eficiente e contribuir mais para a geração de negócios.

A lógica de uma mídia mais técnica, mais sinérgica e menos segregada, mais abrangente em suas análises e menos pautada somente por audiência vale, portanto, para qualquer disciplina de comunicação, massiva ou segmentada, paga, conquistada ou própria. É dessa forma que se garante o futuro e a relevância dos canais."

O processo de mídia programática não acontece por mágica, e sim com tecnologia. Esta é uma prática cada vez mais comum entre clientes, veículos e agências.

BRUNO REBOUÇAS

"Programática é a compra de mídia automatizada com o uso de tecnologia e dados. Com a compra automatizada, surge o termo RTB ou *Real Time Bidding,* que se refere ao leilão processado em tempo real quando a compra de cada espaço publicitário é realizada (também chamados de impressão).

Já a mídia programática permite que um anunciante consiga configurar regras de compra nas plataformas, de forma que sejam automatizadas as decisões de entrar ou não em um leilão e com qual *bid* (lance).

Um dos grandes trunfos da mídia programática é permitir escala de compra com automatização. Antes, um anunciante precisaria falar com dezenas de canais de mídia para executar o seu plano de marketing pago, negociar individualmente, enviar criativos (peças de comunicação) individualmente, realizar os pagamentos e gerar relatórios um a um.

Com a programática, todo o processo de compra de milhares de canais e formatos distintos é centralizado em apenas uma plataforma, que gera um relatório consolidado e funciona com um único fluxo de pagamento."

PRECISÃO E OTIMI-ZAÇÃO

BRIAN CROTTY

> Por muitos anos, trabalhamos para realizar o sonho do marketing perfeito, sem desperdícios.

A tecnologia está nos aproximando dessa realidade de otimização de públicos segmentados e conteúdo personalizado, mas o *Precision Marketing* é tão bom quanto os fluxos de trabalho e dados, que fornecem a base para a hipótese do que as pessoas querem ver e ouvir.

Choque cultural de processos: o desenvolvimento criativo tem uma dinâmica livre. Trata-se de encontrar novas conexões entre conceitos e ideias que sejam relevantes, surpreendam e engajem seu público. Os detalhes não podem ser entregues sem gerenciamento de projetos e garantia de qualidade. Marketing segmentado, envolvendo digital e mídia, não funciona sem disciplina e processo.

Assim, temos choque cultural quando misturamos processos criativos com a disciplina necessária para entregar detalhes segmentados. Nosso desafio, como profissionais de marketing, é oferecer relevância e engajamento em escala. Precisamos criar fluxos de trabalho para fornecer marketing de precisão. Muitos sistemas automatizados, dinâmicos, de entrega de conteúdo fazem exatamente isso.

É preciso haver uma mudança no foco de planejamento, equilibrando o marketing de massa e precisão, centrando planejamento e estratégia no desenvolvimento de insights para uma entrega criativa em massa. Quando pensamos em marketing de precisão, precisamos de foco em como a ideia criativa pode escalar para múltiplas versões, formatos de conteúdo e durante vários momentos na jornada de decisão do cliente.

No mundo do marketing de precisão, a análise dos elementos de microconteúdo é uma realidade, devido ao *Machine Learning* e à Inteligência Artificial.

O NOVO MUNDO DE CONTEÚDO RELEVANTE ESCALÁVEL SERÁ PREDITIVO.

O planejamento criativo está se movendo para identificar cenários *What If* (E se...), que dão opções para as ferramentas entregarem conteúdo relevante no contexto certo."

Para se alcançar o máximo da otimização, os processos precisam ser vistos e revistos todos os dias. Incluir testes e avaliações para reduzir tempo e gargalos durante a execução. É a corrida para eliminar desperdícios, evitar que erros se repitam ou que procedimentos sejam esquecidos. Para isso, é preciso mapear os processos e monitorá-los continuamente. Parar, nunca!

A otimização é indispensável para amplificar a iniciativa a partir do momento em que lançamos uma campanha, projeto ou peça. A ideia é entregar mais, encantar clientes, observar resultados e evoluir. Além disso, gerar novas receitas proativamente.

POR QUE ALGUNS PROCESSOS NÃO FUNCIONAM?

Na maioria das vezes, a resposta é porque eles simplesmente não existem. Ou não foram devidamente mapeados, treinados e otimizados. Você precisa identificar todas as atividades realizadas, por todos os envolvidos, em cada etapa do projeto. Seja um processo, uma campanha, um produto, serviço ou qualquer trabalho a ser realizado. Quanto mais detalhado for o mapeamento das atividades, mais chances de identificar pontos de melhoria.

O mapeamento começa por identificar as etapas, os responsáveis, o que é feito e quanto tempo dura. As melhorias podem ser, por exemplo, reduzir custos, reduzir tempo, aumentar rentabilidade ou melhorar qualidade.

Do ponto de vista de processos, a otimização se faz priorizando atividades de maior valor, treinando pessoas, sincronizando atividades de trabalho coletivo e, principalmente, se desafiando constantemente para ser mais eficiente. O *process-driven* precisa ser também *data-driven*, ou seja, baseado em dados e fatos. E, acima de tudo, *people-driven*, humanizado. Os passos são:

» Monitorar

» Identificar

» Agir

IMPORTANTE:
Perguntas e testes são formas de descobrir o que funciona, confirmar hipóteses e tomar decisões baseadas em dados. O segredo é saber à qual pergunta você quer responder.

CAIO DEL MANTO

" As dúvidas, não apenas as certezas, são necessárias para chegarmos a melhores resultados."

TESTES COM OU SEM DÚVIDAS

A gerência de projetos que lidera uma equipe focada e disponível para fazer acontecer promove otimizações com agilidade. É empoderada e tem acesso direto ao cliente, para obter *feedback* rápido e gerar melhoria nos resultados.

Porque a concorrência não espera e os assuntos do momento deixam de ser relevantes no dia seguinte. Desafie os processos, quebre os paradigmas e reinvente-se. Teste!

RAFAEL KRUG

Rafael conta sobre o método aplicado em sua empresa e explica por que testar faz diferença no resultado final:

> A digitalização das marcas e a forma como o consumidor interage com elas aumentarão ainda mais a mistura entre virtual e real. Tudo irá se resumir a uma experiência única e customizada para cada cliente.

Com todos esses desafios desenhados para o futuro, os projetos de *Quality Assurance* (QA) tornaram-se cada vez mais complexos. Deixamos de apenas validar se o login funciona ou se os dados estão corretos dentro do projeto e passamos a verificar itens como se a experiência do usuário muda, no aplicativo mobile, quando ele se aproxima de um determinado local ou se muda quando ele faz o login por meio de uma rede social, ou se seus dados de perfil são apresentados corretamente, oferecendo uma experiência única.

Neste novo mundo, a área de QA ainda precisa se preocupar com itens não funcionais: a performance do projeto, isto é, o tempo de resposta dos sistemas, é um dos itens que ajudará a garantir uma excelente experiência do consumidor.

A segurança de dados também é necessária para garantir e trazer credibilidade para o projeto digital. Um bom teste de segurança deve validar três passos dentro de um projeto: infraestrutura; vulnerabilidade e antifraude.

Nós nos preocupamos pelo sucesso dos projetos olhando pela ótica da área de qualidade, e os tratamos como se fossem nossos.

EM DEUS CONFIAMOS, TODO O RESTO NÓS TESTAMOS."

Atividades de Qualidade
» Testes de usabilidade
» Testes exploratórios
» Verificação e validação frequentes
» Integração contínua
» Definição de executado/pronto
» Segurança
» Funcionalidades
» Browsers (navegadores)
» Devices (aparelhos)
» Performance (velocidade de carregamento)

IMPORTANTE:

Nunca reduza a etapa de testes e ajustes. As principais causas de fracasso de um projeto estão relacionadas: ao tempo insuficiente para desenvolvimento, testes e ajustes; à viabilidade técnica inadequada; à falta de definição e mudanças de escopo; aos atrasos em etapas críticas; e à má comunicação entre equipe e cliente.

CAPÍTULO 8

CRIATIVIDADE
PRODU

SUCESSO ÁG
COLABORAÇ
PROATIVIDADE

VENCEDORES CRIATIVOS APRENDIZAGENS
OUSADIA DINAMISMO BRILHANTE

DADE E
UÇÃO

GEIS BANNER
ÃO EXECUÇÃO
GUERRILHA

EXECUÇÃO BRILHANTE

DAVID LUBARS

> "SEM UMA EXECUÇÃO BRILHANTE, SUA IDEIA NÃO VAI A LUGAR ALGUM.
>
> Pense na ideia como o seu ticket, e a execução e a produção como a jornada. Se você executa bem, você chega a um lugar muito melhor do que o destino original marcado no ticket.
>
> Aprenda a criar, escrever, visualizar, dirigir, editar e produzir coisas brilhantes com baixo custo.
>
> A INDÚSTRIA AGORA É DE GUERRILHA EMPRESARIAL — OS VENCEDORES SERÃO ÁGEIS."

LUCIANA HAGUIARA

"Gerentes de projetos são parte fundamental no processo criativo, que não se resume a ter uma ideia brilhante. Existe todo o acompanhamento e cuidado com cada detalhe e o trabalho só acaba quando a campanha sai do ar. É um trabalho em equipe, que envolve todos os lados, inclusive exige uma proximidade grande com o cliente. O papel de GPs é unir todas essas pontas, entender a fundo o trabalho criativo, o tempo que se leva para produzir um texto, um *wireframe*, um layout, um *shooting*. Compreender como produzir junto a outras pessoas e suas respectivas especialidades. Ele é o maestro de toda uma orquestra.

Entre muitos projetos de sucesso para Getty Images, tenho um bom exemplo com o curta metragem *Endless Stories*.[47] Um documentário que também era uma experiência digital imersiva, na qual o espectador podia se aprofundar nas histórias paralelas de celebridades, que aconteceram na plateia durante a 'luta do século'.

Para construir essa experiência, a gerente de projetos funcionou como a centralizadora de todas as informações e *assets* (materiais relacionados ao projeto), costurando cronogramas de entregas e cuidando para que a qualidade na produção atendesse a um critério criativo muito exigente. Como resultado, o projeto foi eleito pela *Adweek*[48] uma das melhores campanhas do ano e uma das mais premiadas do mundo."

---

47 Disponível em: https://vimeo.com/530768401. Acessado em: 2 abr. 2024.

48 Disponível em: https://www.adweek.com/creativity/the-25-best-ads-of-2018/. Acessado em: 2 abr. 2024.

Uma produção pode variar de A a Z. Seja em complexidade, tempo, custo e até mesmo em variedade de modelos de trabalho: *in-house*, *outsourcing* ou híbrido. O formato também influencia o trabalho.

A peça de comunicação a ser executada pode ser um website, um e-mail, um comercial de TV, um *spot* de rádio, um evento, um outdoor, um post, um banner, ou outro. Ou ainda, todos esses formatos juntos, em um mesmo projeto. Por isso, cada vez mais, surgem ferramentas para gerar escala e velocidade na produção. Milagro,[49] por exemplo, é um software de animação que possibilita a produção de peças digitais de forma rápida, mantendo a qualidade gráfica. Fernando Boniotti e João Lopes, ex-colegas de trabalho, identificaram uma oportunidade e empreenderam. Eles lideram uma das mais bem-sucedidas produtoras digitais do Brasil, especializada em DCO (Dynamic Creative Optimization) e 100% focada em Display Media Banners: aMadre.[50]

O DCO permite que os anunciantes entreguem mensagens relevantes, de acordo com as necessidades e desejos de seu público, potencializando a personalização, escala e otimização. Por isso, é uma das melhores representações práticas da mensagem certa, para a pessoa certa, na hora certa.

Uma peça de propaganda on-line pode se desdobrar em milhares de possibilidades, quase infinitas combinações de textos e imagens para chamar atenção e gerar o retorno desejado. A tecnologia também permite usar recursos dinâmicos para compor uma peça; por exemplo: clima, hora e localização.

Explico: se a cidade estiver ensolarada, a imagem a ser exibida pode ser diferente da imagem de um dia de chuva. Se for noite, o texto pode ser diferente da opção da manhã. E, se a pessoa estiver em Belo Horizonte, pode ver algo diferente de quem está no Rio de Janeiro.

---

49 Confira em https://milagro.cc/. Acessado em: 19 nov. 2024.
50 Confira em https://amad.re/. Acessado em: 19 nov. 2024.

CURIOSIDADE

O primeiro banner criado no mundo surgiu, praticamente, junto com a internet. Foi uma invenção para a campanha da AT&T, veiculada pelo site Hotwired, em 1994. Na peça de comunicação constava o texto: "Você já clicou o seu mouse aqui?", e *call to action*: "Você vai". A inovação gerou um resultado inimaginável: 44% das pessoas que viram o anúncio clicaram no banner.[51]

---

51 McCAMBLEY, 2013.

EDNEY "INTERNEY" SOUZA

> Existem décadas de aprendizado em produção digital que podem evitar erros primários que ainda vemos por aí. Diante disso, aproveitar as práticas das metodologias ágeis é fundamental para uma entrega não apenas mais rápida, mas com maior qualidade, e alinhada aos desejos do cliente e do público-alvo."

CAPÍTULO 9

GERE
DE PRO

COMUNICAÇÃO

ENTES
DJETOS

COMUNICAÇÃO
ABORATIVOS OTIMISTA
GEIS RESILIENTES
PACIENTE ALINHADOS EXPERIENTES
S PREPARADOS AMAM O QUE FAZEM

PELA PRÁTICA EXPONENCIAL DA GESTÃO DE PROJETOS

Gerentes de projetos inventam métodos, processos e ferramentas para materializar ideias: casas, carros, produtos, serviços, softwares, propaganda...

ALGUÉM IMAGINA, GP REALIZA.

Gerentes de projetos são especialistas em implantar, monitorar e aprimorar. Líderes. Organizam, facilitam, motivam e disciplinam. Administram tempo e produtividade. Conectam e agregam.

Gerentes de projetos são pessoas curiosas por natureza. Descobrem alternativas e viabilidades. Aprendem e crescem com os erros, mesmo não sendo fãs de falhas. Comemoram acertos na audácia de serem como são: racionais e emocionais.

Gerentes de projetos acreditam na força da colaboração para transformar e gerar resultados. Querem ser melhores a cada dia. Entregar valor é quase uma obstinação. Mas também sabem ser intransigentes. A felicidade no trabalho é inegociável.

MÔ
MAN

> Nas últimas décadas, o mundo tem passado por profundas transformações sociais, políticas, econômicas e tecnológicas. A competitividade vem crescendo no ambiente empresarial, forçando as organizações a buscar constantes inovações de seus produtos, serviços e processos, a fim de garantir sua sobrevivência e obter vantagem competitiva.

Em resposta a essas transformações, a área de gerenciamento de projetos vem ocupando um papel de destaque, propiciando respostas às questões estratégicas e organizacionais. Projetos que agreguem valor ao seu negócio, aliados às inovações tecnológicas, vêm contribuindo para elevar as organizações a um novo patamar.

Porém, é imprescindível prepararmos e empoderarmos as pessoas para trabalharem na economia de projetos. Isto significa que **precisamos de pessoas com habilidades para transformar ideias em realidade**, entregando projetos bem-sucedidos e valor, às partes interessadas, agregando valor financeiro e gerando impacto social.

E é nisso que acredito: projetos que transformam a vida das organizações e das pessoas, pois, com eles, podemos fazer a diferença e, quem sabe, construir um mundo melhor."

BIRA MIRANDA

> "A combinação de tecnologia e Gestão de Projetos vem contribuindo para que empresas possam, simultaneamente, lucrar e impactar positivamente em toda a sua cadeia de valor, transformando a vida de pessoas que contribuirão para um círculo virtuoso, do qual a própria empresa se beneficiará, pois não existe sucesso em terra arrasada. Quanto mais próspera for uma região, mais prósperas serão as empresas."

TALITA CHACHAMOVITZ

> "Todos deveriam ter aptidões e qualidades dos gerentes de projeto."

MARILIA PARO

" Todos os projetos precisam de líderes."

PEDRO FRAGATA

" Ser líder é muito mais do que administrar os processos, para que a entrega aconteça. É necessário entender profundamente sobre o negócio, conhecer a marca e saber explorá-la na comunicação de uma forma diferente, porém respeitando sua essência. É ser capaz de gerar insights para que a criação se conecte com o briefing e traga boas ideias. Por vezes, com confiança para assumir riscos e aprovar algo totalmente novo e experimental.

Afinal, propaganda é o negócio da criatividade."

GUARDIÃS E GUARDIÕES DOS VALORES

Para quem está pensando em ampliar horizontes profissionais, é importante saber que a atividade de um gerente de projeto passa pela oportunidade de trabalhar com projetos diferentes, o que gera um valor de extrema relevância: agrega conhecimento de modo acelerado.

Gerentes de projetos trabalham facilitando a precisão da entrega, garantindo qualidade aos projetos e usufruindo da proximidade com diferentes áreas e níveis hierárquicos — o que também ajuda na construção do plano de carreira na empresa. Talvez, mais tarde, fora dela. Porque estagnar, jamais!

A gestão de projetos também cresce em novas direções:

» Originando funções como *Product Owner*,[52] *Scrum Master*[53] e *Product Manager*.
» Acrescentando competências para profissionais de diversas áreas.
» Sendo implantada em diferentes tipos de indústria.
» Apoiando todos os setores da empresa.

O Instituto Mestre GP, comandado por Ramon Oliveira, conecta, constrói e dissemina conteúdos e conhecimento sobre Cultura Projetizada para o mercado publicitário. Em parceria com o Opinion Box, o Mestre GP realizou uma pesquisa que mostra o panorama do mercado relacionado à gestão de projetos e pode ser acessada on-line.[54] O relatório demonstra o papel importante da gestão de projetos das organizações, além de mapear os tipos de projetos e as ferramentas utilizadas.

Outra fonte para consulta é a Digital.ai,[55] um site que publica, anualmente, um estudo nomeado "*State of Agile Report*",

---

52 *Product Owner* (PO): é a pessoa que representa consumidor, usuário e *stakeholders*. Sua principal responsabilidade é priorizar e gerenciar o *backlog* – a fila de tarefas –, trabalhando com a equipe do projeto. Esse profissional também atua removendo impedimentos para que a equipe execute o trabalho e auxilia na definição de critérios de qualidade e aprovação.

53 *Scrum Master*: profissional que guia a equipe nas práticas e valores da metodologia Scrum.

54 Disponível em: https://www.mestregp.com.br/2019/12/16/instituto-mestre-gp-divulga-pesquisa-sobre-a-gestao-de-projetos-no-mercado-publicitario. Acessado em: 04 mar. 2024.

55 Disponível em: https://Digital.ai/. Acessado em: 04 mar. 2024.

com participação de milhares de profissionais, em dezenas de países, mostrando a evolução da adoção do Agile nas empresas. A décima quinta edição apontou que, para 40% dos entrevistados, cultura e processos são as principais barreiras para a adoção da metodologia, enquanto velocidade e flexibilidade são as maiores razões para adoção.

Como gerente de projetos, o que trago aqui são constatações do meu aprendizado; assuntos cheios de nuances, significados e complexidades. Eu diria que gestão de projetos é um baita desafio para inquietos, exigentes, especialistas, generalistas, otimistas, realistas, resilientes, disruptores, futuristas...

RAFA PULS

A primeira vez que conversei com o Rafa, concordamos que gestão de projetos é uma área fundamental para disseminar a Cultura Digital numa empresa e, mais recentemente, resolvi me apropriar de uma frase que ele gosta de dizer e acho sensacional:

Puls se referia ao 14-bis de Santos Dumont. Isso diz muito sobre resiliência, teste, startups, produtos e otimização.

> **" O BIS QUE VOOU NÃO FOI O 1, NEM O 2, FOI O 14."**

Digo, sem medo de estar errado, que gestoras e gestores de projetos são estrategistas e aplicam táticas para direcionar o time. GPs precisam rentabilizar, mensurar esforços e aplicar a metodologia adequada à realidade de cada projeto. Em hipótese alguma podem subestimar fatores de riscos. O imprevisível pode acontecer e por isso é preciso estar atento. Atenção redobrada na administração do orçamento é fundamental; assim como ter clareza nas responsabilidades delegadas e manter bom diálogo entre todos os envolvidos no projeto reduzem dificuldades.

Na minha jornada, deparei-me com vários fatores inesperados: custos extras; pressões; tempo insuficiente para desenvolvimento, testes e ajustes; viabilidade técnica não avaliada adequadamente; mudanças e indefinições de escopo; atrasos e comunicação não eficiente. Por isso, trabalhar com gestão de riscos, constantemente, passa a ser indispensável.

E lembre-se de que o risco pode ser o acontecimento de algo positivo. Planeje-se também para o sucesso.

No início de um projeto, a probabilidade de ocorrer imprevistos é maior, devido a incertezas. Ao passo que carregar questões mal resolvidas, até o final de um projeto, pode ter custos, pois muitas atividades concluídas podem precisar ser alteradas. Há uma reunião que ocorre no início ou no lançamento de um projeto, justamente para identificar possíveis acontecimentos inesperados. Chama-se *Pre-mortem*.

Existem técnicas para auxiliar na gestão de riscos. Delphi é uma delas. Reúne especialistas até chegarem a um consenso. *Planning Poker* é uma forma específica de praticar Delphi.[56] Nela, os participantes usam cartas com numerações, para indicar suas opiniões e para chegar num acordo. *Planning Poker* também pode ser usada para estimar o tempo da equipe para completar as tarefas. O principal benefício é abrir discussões que tragam um acordo ao time.

---

56 Técnica Delphi. Disponível em: https://escritoriodeprojetos.com.br/tecnica-delphi/. Acessado em: 2 abr. 2024.

VANESSA MENDES

> "Para se ter clareza dos riscos de um projeto, a boa discussão em grupo e o planejamento cauteloso são fatores primordiais para deixar todos os envolvidos conscientes do que precisa ser mitigado e monitorado."

RISK BURNDOWN GRAPH

Representada por duas linhas decrescentes, no gráfico, a diminuição do risco, à medida que o tempo de execução do projeto ocorre, é ilustrada. Uma linha mostra o curso ideal e a outra linha indica o realizado. Quanto mais afastado da linha ideal, mais atenção deve ser dada para corrigir a rota do projeto.[57]

---

57 HOORY et al., 2022.

FIGURA 8:
RISK BURNDOWN, ADAPTADA CONFORME INTERPRETAÇÃO DO AUTOR.

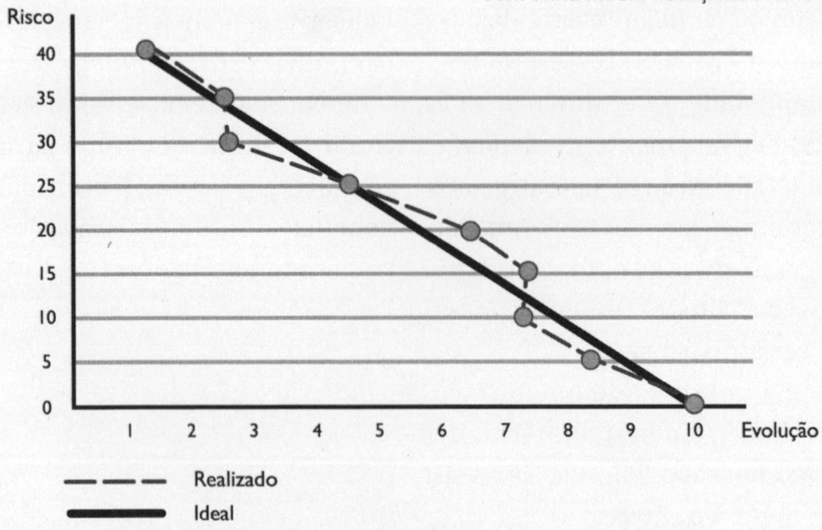

Definir investimento e tempo são atividades de risco. Para projetos com prazos definidos é recomendado o faseamento, mantendo riscos e premissas bem alinhados com os envolvidos (equipe e *stakeholders*). Sempre que possível, reserve verba para imprevistos e para novas necessidades, que podem aparecer ao longo de um projeto.

Um dos maiores riscos durante a execução de um projeto é quando são adicionadas funcionalidades (escopo), sem a avaliação dos efeitos em tempo e em recursos. É o chamado *scope creep*. O descontrole pode causar atrasos no projeto, frustração e problemas de qualidade.

As práticas Agile para gestão de escopo indicam os seguintes recursos para evitar o caos:

» *customer requests:* prioridade baseada no cliente.
» *change request*: mudança de escopo, tratada formalmente; considerando tempo, complexidade e custo.
» *customer feedback*: novamente, prioridade baseada no cliente.
» *trade-offs*: alteração de escopo, considerando troca de prioridades.

Outro potencial risco, que pode gerar um desconfortável ambiente de trabalho, é tratar tudo como importante e não priorizar. Ansiedade nos leva a acreditar que tudo é urgente, mas sabemos que nem tudo é prioridade.

Durante um projeto, foque na constante gestão de expectativas e no alinhamento das prioridades.

ALEXANDRE GIBOTTI

Segundo Alexandre, poderíamos adotar as seguintes classificações:

> IMPORTANTE;
> URGENTE;
> ESSENCIAL;
> PRIMORDIAL; PUT@ QUE P@RIU É PRA JÁ!"

CRISTIANO RUIZ

Para Cristiano, a maior dificuldade ou risco, durante um projeto, é

> assegurar uma boa comunicação e excelente alinhamento entre toda a equipe e cliente do projeto em todas as etapas."

JULIA SOARES

> Baseada na minha própria maneira de gerenciar um projeto e no que observo, eu aprendo, na indústria publicitária, todos os dias. E, por mais contraditório que seja, embora a publicidade faça parte da indústria da comunicação, é comum faltar comunicação entre lideranças e liderados, durante o desenvolvimento de projetos.

Quem viu o filme *A Chegada*, de 2016, do cineasta canadense Denis Villeneuve, sabe do que estou falando. A mensagem é sobre linguagem e comunicação, e o quão poderosas são essas ferramentas que criam paz e guerra, fazem ganhar ou perder tempo, sermos eficientes ou não.

Sistemas, ferramentas e aplicações reais são partes da engrenagem de comunicação de um projeto. É a habilidade da comunicação humana que aproxima indivíduos, compartilha informações sem reservas e cria laços de confiança, porque olha para algo maior, que define o sucesso de uma equipe e do seu objetivo. Não tenho dúvidas quanto a esse contexto; eu vi acontecer ao longo de muitos anos de experiência. É preciso parceria, colaboração e comunicação para encontrar o equilíbrio entre ser firme e compreensível.

A HABILIDADE DA COMUNICAÇÃO É CRUCIAL À EXCELÊNCIA DE GERENTES DE PROJETOS.

Outra habilidade que admiro é a capacidade de questionar, ir a fundo nas coisas, esmiuçar as possibilidades e descartar as impossibilidades. Provocar questionamentos é fundamental e, às vezes, irrita as pessoas. Paciência! Pensar não tem contraindicação, mas constrói suposições, pensamentos lógicos, escopos e soluções inovadoras.

Provavelmente, gerentes de projetos já encararam pelo menos uma vez um dos processos mais complexos que existe: iniciou um projeto sem escopo, com informações confusas ou sem nenhuma informação. Se deu andamento e, no final, chegou a um resultado de valor, é porque tem alta capacidade de construir pensamento lógico; é uma pessoa organizada, estratégica e sabe se comunicar como ninguém.

Projetos publicitários envolvem resultados e conjuntos de competências diferentes. Especialmente quando o físico se integra ao digital e às novas tecnologias.

NINGUÉM É ESPECIALISTA EM TUDO.

Sendo assim, gerentes de projetos precisam saber quem irão procurar para montar uma equipe alinhada com cada tipo de entrega, para não falhar, não consumir tempo, recursos e orçamentos tentando descobrir um caminho que vai dar em nada, a não ser em prejuízo e frustração.

Para ter sucesso e lucro é indispensável ter profissionais que planejam, controlam o projeto e garantem que recursos, escopo e equipe andem dentro do esperado.

MANTER UM PROJETO SAUDÁVEL TAMBÉM AJUDA A RETER TALENTOS.

Não somos super-heróis; nós falhamos. Mas, bons gerentes de projetos aprendem com o erro. Quem não aprende, provavelmente, está na função errada."

CLEMENS BRANDT

„ **OTIMISMO** — tudo é possível. Não existe 'não'. Todavia fazer ideias acontecerem tem seu preço e tempo.

PROATIVIDADE — há sempre algo para fazer. Nunca desista e sempre pense no que mais você pode fazer para evoluir o seu projeto.

FACILIDADE — pense como os outros podem fazer o melhor trabalho possível. Pense nos seus colegas de trabalho como clientes e, então, prepare informações na forma que facilite o entendimento. Deixe-os focar no trabalho, não em gerir.

COMPROMETIMENTO — cheque o trabalho. Por exemplo: tempos, custos, contratos e documentações. Busque quem cheque o seu trabalho e cheque o dos outros.

PLANO B — avalie os riscos, incluindo probabilidades e plano para quando o risco se tornar uma realidade.

ATENÇÃO — nunca prometa além do possível. Sempre arquive tudo. Atualize sua documentação, mesmo em tempos agitados. Adicione contingências para todos os tempos e investimentos. Mantenha todos informados o tempo todo.

ENTREGA — é sua responsabilidade entregar projetos no tempo e verba definidos. Seja firme, se necessário.

CONTROLE — você precisa estar ciente de tudo o que acontece em seu projeto, a todo momento. Nunca se deixe cair no caos.

QUESTIONAMENTO — está no seu direito questionar ideias, caminhos e utilidade.

CRIATIVIDADE — todo mundo é criativo. Suas ideias são muito bem-vindas.

SEJA LEGAL — ISSO FUNCIONA."

LAIS MORAIS

Lais complementa:

> Seja paciente e cultive bons relacionamentos."

MELINA ALVES

Melina vê a atuação de gerentes de projetos como responsáveis pela harmonia entre fornecedores internos e externos.

> GPs precisam ter a capacidade de diálogo técnico, e não ter escopo de trabalho restrito a entregas de demandas e cronogramas. Isso precisa ser amparado pela administração da empresa, com uma gestão menos vertical, permitindo que cada um saia do seu quadrado e entre em outros quadrados."

LYNNECIA ELEY

> "Na constante evolução da propaganda digital, a gestão ética de projetos desempenha um papel crucial, promovendo responsabilidade e transparência. Ao ouvir ativamente e incorporar perspectivas diversas, os gestores de projetos podem garantir que a inovação esteja alinhada com os padrões éticos, aumentando, assim, a eficiência e a confiança na indústria."

FABRICIO CARDOSO

Fabricio destaca como "a Transformação Digital demanda profissionais capazes de orquestrar equipes multifuncionais. Num cenário onde a colaboração e o trabalho remoto tornaram-se frequentes, a gestão de projetos ganha relevância. As habilidades de gerentes de projetos são fundamentais para promover uma comunicação eficaz e garantir o cumprimento de prazos e objetivos. Sua capacidade de adaptação e liderança são instrumentos valiosos para o sucesso dos projetos."

BETINA KORMES MELNIK

Betina acrescenta:

> Gerentes de projetos gerenciam desde a entrada do briefing até a entrega final. Como cada projeto é único, cabe a este profissional ter a ciência e a habilidade de liderar *stakeholders*, organizar cronograma, verificar prazos, analisar a viabilidade e controlar as finanças."

BRUNA COMIN

Bruna adiciona:

> Gerentes de projetos acompanham brief, entendem, decupam, escopam, organizam, ajudam os outros a se organizarem, cobram, relatam, lidam com as pessoas, suas angústias, seus problemas, seus To-Dos, dão visibilidade, avaliam tempo, entregam, cobram QA, aprendem sobre os novos métodos, fazem cronograma, acompanham orçamento, contratam fornecedores, direcionam para que a entrega/projeto/xis esteja de acordo com o objetivo inicial."

VANIA SÃO JOSÉ

Vania detalha:

> No dia a dia, gerentes de projetos fazem gestão de recursos, timeline, acompanham o projeto, garantindo que siga conforme planejado ou que os ajustes necessários de recurso, tempo e verba sejam feitos para garantir uma execução de qualidade. Como diferencial, GPs que buscam entender do negócio e entregar produtos relevantes, se destacam."

MARCOS PAULO (MAMU)

Marcos dá dicas para você ser a/o melhor gerente de projetos:

> seja flexível, simples, prática/o e transparente. Dê atenção para a comunicação e a forma de se comunicar. Lidere, **atitude não é cargo**. Espere pelo inesperado. Atualize-se sempre, converse com as pessoas que te inspiram e seja resiliente."[58]

---

[58] Disponível em: https://youtu.be/DcLGD625p4c?-si=I1XENKiDho1E8aFc. Acessado em: 2 abr. 2024.

Gerenciar projetos é uma habilidade construída, adquirida com o tempo, a experiência e a mão na massa. Quem tem sai na frente. É necessário ter coragem para criar soluções enquanto muitos escapam dos problemas.

CAPÍTULO 10

INTELI
EMOC

MATURIDADE APRENDER
SONHOS RESOLUÇÃO FOCO
IDADE MOTIVAÇÃO FEEDBACK
JOGO SEGURANÇA
TIVIDADE CONEXÃO

GÊNCIA
IONAL

LIDADE CONEXÃO
OLE SEGURANÇA
DADE MOTIVAÇÃO FEEDBACK
NHOS RESOLUÇÃO FOCO
MATURIDADE APRENDER

TERRITÓRIO DA SENIO-RIDADE

O que define a senioridade em gerência de projetos é a capacidade de administrar riscos, resolver problemas e entregar os projetos. E isso passa pelo autocontrole, que beneficia a segurança dos atos. É a intervenção que corrige ou evita o erro, que pode ser fatal ao processo, com desgastes e prejuízos. Sendo que, no final das contas, se o projeto for um sucesso, o sucesso é de todos.

Para aumentar as responsabilidades, os gerentes de projetos respondem por escopos, cronogramas, orçamentos, entregas, otimizações, gestão de equipes, gestão de produtoras, administração de expectativas de clientes, de hierarquias superior e inferior da empresa.

Além disso, dão suporte ao desenvolvimento de outras atividades como: briefing, *UX (User eXperience)*, aprovações, *Business Intelligence*,[59] resultados, atendimento, planejamento, mídia, criação e produção. E mais: precisam coletar informações e conectar especialistas.

Mas saiba: é a inteligência emocional que ajuda a dar conta da posição com equilíbrio. As responsabilidades são grandes, os desafios são contínuos e as soluções também. E, no final das contas, o mais importante é perceber que, na sua cartola, há uma infinidade de coelhos.

---

59 *Business inteligence*: inteligência de negócios.

NELSON ROSA-MILHA

> Um dos grandes desafios que tenho na minha profissão é melhorar minha inteligência emocional. Entende-se como inteligência emocional a capacidade de reconhecer a si mesmo, pontos fortes, fraquezas, estado de humor, motivações, impulsos, personalidade, estilo de comunicação, todas essas coisas. Você pode estar pensando que parece uma lista enorme... e é enorme. Porém ajudará se for bem administrada, ao ler situações e pessoas com precisão e, em seguida, responder de forma mais apropriada. Há uma frase de que gosto muito, de Ambrose Bierce, que disse o seguinte:

'FALE QUANDO ESTIVER COM RAIVA E VOCÊ FARÁ O MELHOR DISCURSO DE QUE SE ARREPENDERÁ.'[60]

Perceba: é melhor escolher conscientemente uma resposta a cada interação em vez de reagir abruptamente. Aprendi que, quanto mais crescemos em nossas carreiras, e em níveis mais altos e autoridade, torna-se cada vez mais difícil utilizar bem nossa inteligência emocional. Fato é que ninguém te ensina, e descobrimos isso à medida que crescemos. Essa nossa

---

60 Disponível em: https://pt.quotes.pics/frase/6849. Acessado em: 19 nov. 2024.

falta de habilidade acaba custando o engajamento de nossos colegas de trabalho, parceiros e fornecedores, e podemos até perder clientes, o que compromete os resultados da equipe.

A inteligência emocional é composta por cinco atributos: autoconsciência; autorregulação; motivação; empatia; habilidade social.

A autoconsciência se refere à compreensão profunda de nossas emoções, pontos fortes, fraquezas, impulsos e como eles nos afetam. A autorregulação se refere à percepção (e reflexão) contínua sobre nosso controle. A terceira habilidade, motivação, é aquilo que nos impulsiona, e à nossa equipe, a ir além das expectativas. O quarto ponto mencionado por Daniel Goleman[61] é a empatia, isto é, atuar considerando os sentimentos dos colegas juntamente com outros fatores na tomada de decisão, e entendendo os pontos de vista dos membros da equipe. Por último, a habilidade social, que é a capacidade de uma pessoa de gerenciar relacionamentos com os outros, encontrando um ponto em comum e construindo uma relação.

Na prática, se você quer aumentar seu quociente emocional (QE), você precisa fazer esta pergunta:

POSSO APRENDER INTELIGÊNCIA EMOCIONAL?

Se sua resposta for sim — e, de fato, você *pode*, porque está completamente sob o seu controle —, você precisa decidir se *quer* fazer este trabalho.

Agora, a parte mais interessante: reconhecer como seu comportamento afeta os outros. Faça esta reflexão, mantendo estes cinco princípios em mente: autoconsciência, autorregulação, motivação, empatia e habilidades sociais.

---

61 Daniel Goleman's Emotional Intelligence In Leadership: How To Improve Motivation In Your Team. Disponível em: https://www.tsw.co.uk/blog/leadership-and-management/daniel-goleman-emotional-intelligence/. Acessado em: 2 abr. 2024.

Você vai precisar exercitar seu cérebro. Ele possui neurônios que já sabem o caminho mais rápido para sua reação, porque é da natureza de nosso cérebro gastar a menor quantidade de energia possível. Quando menciono exercitar, refiro-me a criar inconscientemente novos caminhos neurais; e pavimentar essa estrada requer construção e manutenção contínuas.

Sugiro dois exercícios para você. Convide um de seus colegas para uma conversa aberta e segura e peça feedback. Você vai se sentir desconfortável, mas é uma maneira contraintuitiva de abordar o autoaperfeiçoamento e melhorar sua inteligência emocional, porque nós não queremos olhar para as nossas deficiências.

A inteligência emocional depende da autoconsciência; é uma habilidade fundamental. Você não pode melhorar seu QE sem aumentar sua consciência. Isso requer que você dê uma olhada muito ampla na sua beleza e nas suas manchas, o que te deixará desconfortável. Agora que você recebeu seu feedback, vem o desafio: melhorar. Não há receita de bolo, é exercício; e continuar tentando sempre, levando em consideração os cinco princípios que mencionei.

Como você pode recuperar o controle quando estiver sob ataque? Todos nós tivemos essa experiência, seja em uma reunião ou em nossa mesa, quando sentimos que estamos sob ataque de alguém nos acusando de algo, ficando chateado conosco ou até mesmo nos bombardeando. O que eu faço é respirar fundo (regra dos quatro segundos, às vezes um pouco mais). Por que faço isso?

O perigo de responder imediatamente é que você passa a ser direcionado por sua amígdala, que reage imediatamente, de uma entre três possibilidades: luta, foge ou congela. Esses quatro segundos são para respirar fundo, treinando o cérebro para não utilizá-la. Assim você passa a ter o controle sobre como reagir. Você também pode respirar fundo apenas uma vez e, nesses quatro segundos, refletir. O que você faz quando alguém fica realmente chateado com você? Eu deveria estar pensando em como responder?

Eu deveria pensar sobre como estou me sentindo? Eu deveria estar pensando sobre como eles estão se sentindo?

Respire fundo novamente e pense 'Qual é o resultado que quero obter nessa situação?'. E só então você decide como responder, não com base no estímulo que criou a reação em primeiro lugar, mas com base no resultado que você quer criar.

É contraintuitivo, porque você não estaria respondendo se não fosse pelo que acabou de acontecer. Sua escolha de como responder é baseada no futuro que você quer criar, não no passado que começou a situação.

Você tem o controle e pode, com foco e dedicação, melhorar sua inteligência emocional. É questão de utilizar os princípios e exercitar."

SABRINA RAMILES

" Seja incansável nos aprendizados. Respeite seu tempo e absorva todo o aprendizado que puder."

LEILAINI HOLDORF

" Aprenda a ser flexível com as pessoas e inflexível na sua organização."

CAPÍTULO 11

O TE
SOLID

MPO
DIFICA

CULTURA
MPO REPLICÁVEL
CESSOS CORAÇÃO
ERVIÇOS MISSÕES
ONHOS CRIATIVIDADE

SOBRE VERDADES

A publicidade evolui, acompanhando as mudanças da sociedade. Incorporando tecnologia, somando novas disciplinas, meios e formas. Ofertando produtos, serviços e criando marcas. Movimentando a economia, os trabalhadores e as empresas. Moldando a cultura, entretendo e fascinando as pessoas.

FILIPE BARTHO- LOMEU

> "A propaganda foi, é e sempre vai ser um grande acelerador de negócios. O que a gente faz é conectar marcas e pessoas por meio da ferramenta mais poderosa que o ser humano é capaz de desenvolver: a criatividade."[62]

[62] Disponível em: https://youtu.be/_LR168MwSt0?-si=7pkI2Da1hfNBFVYz. Acessado em: 2 abr. 2024.

MARINA WAJNSZTEJN

"Publicidade e cultura se misturam o tempo todo. É mais do que necessário entender como as pessoas se relacionam com esses dois tópicos, e a internet costuma ser um bom lugar para isso. As marcas que conseguem, efetivamente, se misturar nessa conversa, ganham o coração das pessoas."

MARTIN MONTOYA

"Há muitos séculos, o ser humano teve a sagacidade de entender que as pessoas não gostam de decorar listas de tarefas ou fatos frios.

Desde que temos algum tipo de registro histórico, tudo indica que a sociedade humana já tinha desenvolvido a arte de contar histórias. Tribos se juntavam ao redor da fogueira, no fim do dia, e os mais velhos e experientes do grupo compartilhavam relatos. Em um mundo em que a prioridade era sobreviver a cada dia, seria míope assumir que faziam isso só para entreter a galera, como se fosse uma versão ancestral da Netflix. Eu acredito que essas foram as primeiras campanhas de comunicação. O objetivo do *brief* era conseguir que a tribo lembrasse de não comer as frutas vermelhas que cresciam ao lado do rio, porque eram venenosas. Ou que, na parte norte do bosque, morava uma matilha de lobos agressivos. Se os anciões simplesmente informassem isso, no dia seguinte descobririam que perderam vários vizinhos. Entenderam que era mais efetivo contar histórias sobre a bruxa que mora no bosque, ou o guerreiro invencível que parou para descansar na beira do rio, resolveu saciar a sua fome com as frutas vermelhas e caiu morto, de cara para baixo, na água. Dessa forma, sobreviviam mais pessoas.

Nos últimos dez ou quinze anos de trabalho, observei uma preocupação crescente com novas tecnologias e canais de comunicação. Até aí, acho ótimo, e fascinante, já que os comunicadores precisam entender, da melhor forma possível, as ferramentas que têm ao alcance, e não existe dúvida alguma que novas plataformas vêm conquistando o espaço ocupado pelas mais antigas. Porém é preocupante quando a obsessão pelo novo nos leva a esquecer a nossa real missão, que continua sendo contar histórias.

Aliás, isso é cada vez mais importante, porque a sociedade moderna tem várias outras fontes de informação e entretenimento do que só ficar sentada na frente do fogo. As campanhas hoje concorrem mais com Netflix, Amazon, TikTok e Spotify do que com outras marcas que vendem produtos similares.

Independentemente de todo o nosso conhecimento digital e capacidade de analisar dados, acho que as marcas sobreviventes vão ser as que mantêm a capacidade de contar histórias humanas, engajadoras e memoráveis, habilmente misturadas com uma moral de produto, que ajude a converter vendas.

O QUE FAZEMOS NÃO É FÁCIL, MAS TAMBÉM NÃO É TÃO COMPLEXO QUANTO ALGUNS PREGAM."

GUSTAVO GRIPE

"Talvez eu tenha sido uma das poucas pessoas que migrou do Digital para o tradicional exatamente na época quando o caminho era o contrário. Todo o início da minha carreira no Digital, lá no início dos anos 2000, foi na investigação de possibilidades de uma nova mídia, fazendo, de cada projeto, um novo desafio de formato, com testes de novas tecnologias. Quando o vídeo começou a aparecer nos projetos digitais, por volta de 2008, passei a conduzir também essa parte, o que me levou a dirigir filmes. Fui então apresentado a um processo totalmente sólido e que funcionava precisamente bem.

O fato de existir uma hierarquia definida, com *inputs* (roteiros) e *outputs* (filme com duração determinada), faz com que esse seja um processo totalmente industrializado e fácil de replicar, a ponto de eu ser contratado como diretor, na Ucrânia, ir sozinho até lá e conduzir uma equipe de 80 pessoas que eu nunca havia visto, sem adaptação alguma. O processo é exatamente o mesmo do Brasil ou de qualquer outro país. Acredito que fazer filmes em 1910 talvez tenha sido tão investigativo quanto fazer uma experiência digital em 2010, quando a banda larga se popularizou e pareciam ser infinitas as possibilidades.

Hoje, pouco mais de dez anos depois, noto que estamos gerenciando melhor os projetos, conhecemos os passos para o sucesso e alguns *frameworks* nos fizeram parar de investigar, tanto, do zero. Sendo assim, só me resta acreditar que o tempo solidifica e que **os processos precisam rodar muitas vezes para que se tornem simples e replicáveis.**"

CAPÍTULO 12

FELICIDADE
COMUNICAÇÃO PROPAGA
PROCESSOS
EQUILÍBRIO OPO
MOTIVAÇÃO RESPE
TRABALHO SEGURANÇA PS

HOJ
AMAN

FELICIDADE JÁ
COMUNICAÇÃO PROPAGA
PROCESSOS
EQUILÍBRIO OPO
MOTIVAÇÃO RESPE
TRABALHO SEGURANÇA PS

CLAREZA BANI
DA TECNOLOGIA VIDA
COLABORAÇÃO
ORTUNIDADES DIGITAL
EITO EMPATIA RELACIONAMENTOS
LÓGICA FUTURO HABILIDADES

DAQUI PRA FRENTE, TUDO VAI SER DIFERENTE...

A verdadeira transformação emerge do envolvimento humano. As pessoas impulsionam tecnologia, processos e empresas, mas acima de tudo, o desenvolvimento humano.

Iniciar requer o desejo genuíno. Não confundir com necessidade. O segundo passo é agir. Não apenas demandar.

A *mind* (mente) já está *setada* (programada). Se envolver de corpo e alma — e agir — depende de cada um.

A empatia é essencial para motivar pessoas e preservar relações saudáveis.

No dia a dia corrido, com tantas tarefas a serem executadas, alta competitividade e pressão por resultados, muitos conflitos podem ser evitados quando a comunicação é engajadora.

Seja um e-mail, uma apresentação, um documento, um pedido de trabalho ou uma simples informação a ser passada adiante. Tudo deve ser comunicado de forma clara e respeitosa.

RICARDO SALES

" As habilidades esperadas dos profissionais do futuro (próximo!) estão todas, de um modo ou de outro, associadas à diversidade e à inclusão.

Empatia, raciocínio crítico, capacidade de lidar com ambiguidades, colaboração e criatividade são atributos potencializados em ambientes com uma cultura de respeito e segurança psicológica.

É fundamental para a sociedade e traz, como bônus, excelentes resultados para os negócios."

LIA D'AMICO

" NO UNIVERSO DINÂMICO DOS NEGÓCIOS, A GESTÃO DE PROJETOS ENFRENTA DESAFIOS QUE REVELAM UM FUTURO REPLETO DE OPORTUNIDADES FASCINANTES.

Neste panorama em constante transformação, em que as mudanças são a única constante, gestores de projetos são convocados a desenvolver habilidades estratégicas, com foco na adaptação rápida e na motivação de equipes.

Num mercado que exige agilidade, a liderança eficaz na adaptação às mudanças será o pilar do sucesso. Gestores tornam-se catalisadores essenciais para liderar melhorias contínuas e criar planos flexíveis, capazes de se ajustar às transformações. Convencer a equipe a abraçar essas transformações, contudo, permanece como um dos pontos cruciais. Diante da inerente resistência humana à mudança, as habilidades de motivação tornam-se um diferencial vital. Uma equipe motivada não apenas enfrenta os desafios com resiliência, como é capaz de demonstrar uma maior propensão para superar obstáculos.

Empresas dependem crucialmente do desempenho das equipes, e a entrada no mercado de trabalho de uma geração que busca equilíbrio entre vida profissional e pessoal, faz com que os gestores de projetos sejam instados a se tornar líderes inspiradores.

Em um cenário profissional moldado pelas demandas de autonomia, maestria e propósito, como preconizado por Daniel Pink (2011), os gestores de projetos encontram-se diante de um desafio singular e estimulante. É imperativo adotar uma abordagem que coloque as pessoas no centro (o famoso *human centered design*). A tríade proposta por Pink não apenas delineia as expectativas dos novos profissionais no mercado de trabalho, mas também lança luz sobre a metamorfose necessária nas *soft skills*.[63]

As *soft skills*, que outrora eram consideradas fundamentais, agora demandam uma profundidade ainda maior. Estamos adentrando uma era onde autonomia não é mais um privilégio, mas uma necessidade. Maestria, antes uma aspiração, torna-se a norma, e o propósito emerge como o alicerce essencial para motivar e engajar equipes.

O desafio reside não apenas em adquirir as habilidades tradicionais, mas em desenvolver uma nova camada de competências que nossa educação e mercado até então negligenciaram. A capacidade de inspirar, motivar e liderar equipes em busca de objetivos significativos torna-se

---

63 *Soft Skills*: habilidades comportamentais.

uma *soft skill* profunda, moldada por uma compreensão intrínseca das necessidades individuais e coletivas.

Cada vez mais, investir tempo na construção de relacionamentos sólidos entre os colaboradores de uma equipe é mais do que uma prática recomendada; torna-se uma necessidade estratégica.

SURGE, ASSIM, A PROVOCAÇÃO: ESTAMOS PREPARADOS PARA ENFRENTAR ESSE NOVO PARADIGMA?

A verdade é que, em grande medida, a educação e o mercado não nos têm equipado adequadamente para essa transformação. Estamos diante da necessidade urgente de reconstruir nosso repertório de habilidades interpessoais e liderança.

A visão de futuro próspero, para gestores de projetos, não é apenas uma questão de adquirir técnicas, mas de cultivar uma compreensão das aspirações individuais e coletivas. É necessário ir além da superfície das interações humanas, alcançando uma empatia genuína que oriente a construção de ambientes de trabalho estimulantes.

Seja um modelo para a equipe, compartilhe de forma transparente os objetivos do projeto e forneça feedback constante. Encare os desafios como oportunidades de crescimento, aspirando à excelência e de forma sempre colaborativa. Não tenha respostas, tenha as melhores perguntas. A incerteza, longe de ser uma barreira, é, na verdade, a promessa de inovação e progresso. E as habilidades essenciais cultivadas atualmente, além de moldarem os melhores projetos desenvolvidos hoje, desenham a própria gestão de projetos do amanhã."

ADRIANA PRATES

> "No mundo BANI,[64] somente os que têm capacidade de cooperação e espírito de colaboração irão prosperar."[65]

---

[64] O termo BANI (*Brittle, Anxious, Nonlinear and Incomprehensible*) teria tradução livre como "Frágil, Ansioso, Não linear e Incompreensível" e foi criado pelo antropólogo Jamais Cascio.

[65] Post em rede social privada em 2021.

PHIL JACKSON

"A FORÇA DO TIME ESTÁ EM CADA INTEGRANTE DA EQUIPE.

A FORÇA DE CADA INTEGRANTE DA EQUIPE É O TIME."[66]

---

[66] Phil Jackson, ex-jogador e técnico, 11 vezes campeão da NBA, a Liga Americana de Basquete. Autor de *Eleven Rings* (2013).

DAQUI PARA FRENTE, SÓ HÁ UM JEITO DE GANHAR O JOGO:

OU TODOS JOGAM JUNTOS, OU O JOGO ESTARÁ PERDIDO.

POSFÁCIO

Era 1995, eu tinha 16 anos e iniciava minha vida profissional como *Webmaster*, um termo para descrever profissionais responsáveis pela produção do que, na época, se chamava de homepage. Eu era um garoto curioso, apaixonado por tecnologia e feliz com o presente que mudaria a minha vida: um PC, 386DX40, com Windows 3.1.

Com o meu equipamento e a linha de telefone da casa era possível compartilhar informações com outros usuários. Aquilo era incrível! De dentro do meu quarto, eu podia conversar com pessoas em outros lugares, ao custo de uma ligação telefônica local. O som do modem se conectando traz memórias gostosas até hoje. Depois da barulheira, que soava como música para os ouvidos de desbravadores digitais como eu, um universo novo se abria: passávamos a ter acesso a uma coisa completamente diferente do que vivíamos no mundo real.

Foram nos BBSs (*Bulletin Board System*) que surgiram as primeiras conversas on-line. A gente entrava na sala de bate-papo e ficava torcendo para outra pessoa acessar, de outro lugar. Era o passe para falarmos sobre qualquer coisa, anonimamente, identificados apenas pelo apelido que adotávamos. Uma mensagem enviada para um usuário de outro BBS levava até 24 horas para ser entregue e mais 24 horas para a resposta ser recebida. Aqueles fóruns eram um ensaio do que hoje conhecemos como redes sociais. Grande parte das comunicações se restringia ao meio acadêmico e ao entretenimento de jovens.

Logo depois, descobri um software chamado *Blue Wave Offline Mail Reader*, antes do e-mail. Por ele, era possível participar de fóruns de discussões sobre os mais diversos assuntos, e a troca de mensagens não ocorria em tempo real.

Um belo dia, consegui um convite para acessar o programa beta da antiga Embratel, que começava a fazer os testes para a implantação da internet no Brasil. Não havia muito o que acessar pelo Netscape, um dos primeiros navegadores que chegaram ao mercado, e pouquíssimas empresas já possuíam um endereço digital. Entre as primeiras estavam a Disney e a NASA.

A maior parte do conteúdo era produzido por entusiastas, criando suas próprias homepages em um formato rudimentar do que viriam a ser os blogs.

Ainda não havia serviços de busca. O Altavista e o Lycos só apareceram algum tempo depois, antes do Google. Existia, no entanto, uma revista de informática que publicava mensalmente, como anexo à sua edição impressa, um guia brasileiro de homepages.

Foi por meio deste guia que os visionários sócios de uma empresa de consultoria encontraram a página na qual eu oferecia meus serviços de programação e me convidaram para criar homepages corporativas para seus clientes. Pedi a emancipação aos meus pais e comecei a agir movido pelo espírito empreendedor e um excesso de otimismo. Aluguei uma sala comercial e abri uma empresa. Só esqueci do fundamental: não tinha nenhum cliente.

Foi quando, em 1999, conheci o Rodrigo Falcão, um jovem e entusiasmado estudante de relações públicas que, assim como eu, tinha muita energia para fazer acontecer. Ele veio trabalhar comigo e ficou responsável pela prospecção de clientes; era o cara que sabia vender. Formamos um time afinado. O Falcão passava o dia vasculhando a lista telefônica, em busca de oportunidades: ligava para empresas que considerávamos clientes em potencial, baseado nos mais diversos critérios. Inclusive o "achismo".

Ele oferecia presença na recente internet e homepages com basicamente três páginas (Quem Somos, Produtos e Fale Conosco), o novo catálogo digital. Tínhamos até alguns padrões para aqueles que não queriam investir em um design customizado: trocávamos apenas a logomarca e os textos de cada cliente. Quase ninguém tinha e-mail e pediam que enviássemos um fax (isso mesmo, um fax) com a proposta, antes de nos receberem pessoalmente.

Depois de algum tempo, o Rodrigo Falcão recebeu proposta para trabalhar naquela que se tornaria a primeira grande agência especializada em comunicação digital do Brasil, e seguimos mantendo contato.

Em 2019, foi a vez dele me convidar para trabalhar em uma das mais premiadas agências de publicidade do mundo: a AlmapBBDO, eleita agência da década em 2020, no Cannes Lions International Festival of Creativity.

PEDRO PAIVA

JORNADA DO AUTOR

─────────── **GLORIA FALCÃO**

" VAI ESTUDAR, MENINO!"

A gestão de projetos foi apresentada por seu pai, o professor e administrador de empresas Paulo Roberto de Souza Falcão, que comprava revistas sobre o tema. O interesse e a afinidade levaram Rodrigo à prática. Desde então, não parou de fazer cursos para se especializar.

FIGURA 9:
LIFELONG LEARNER

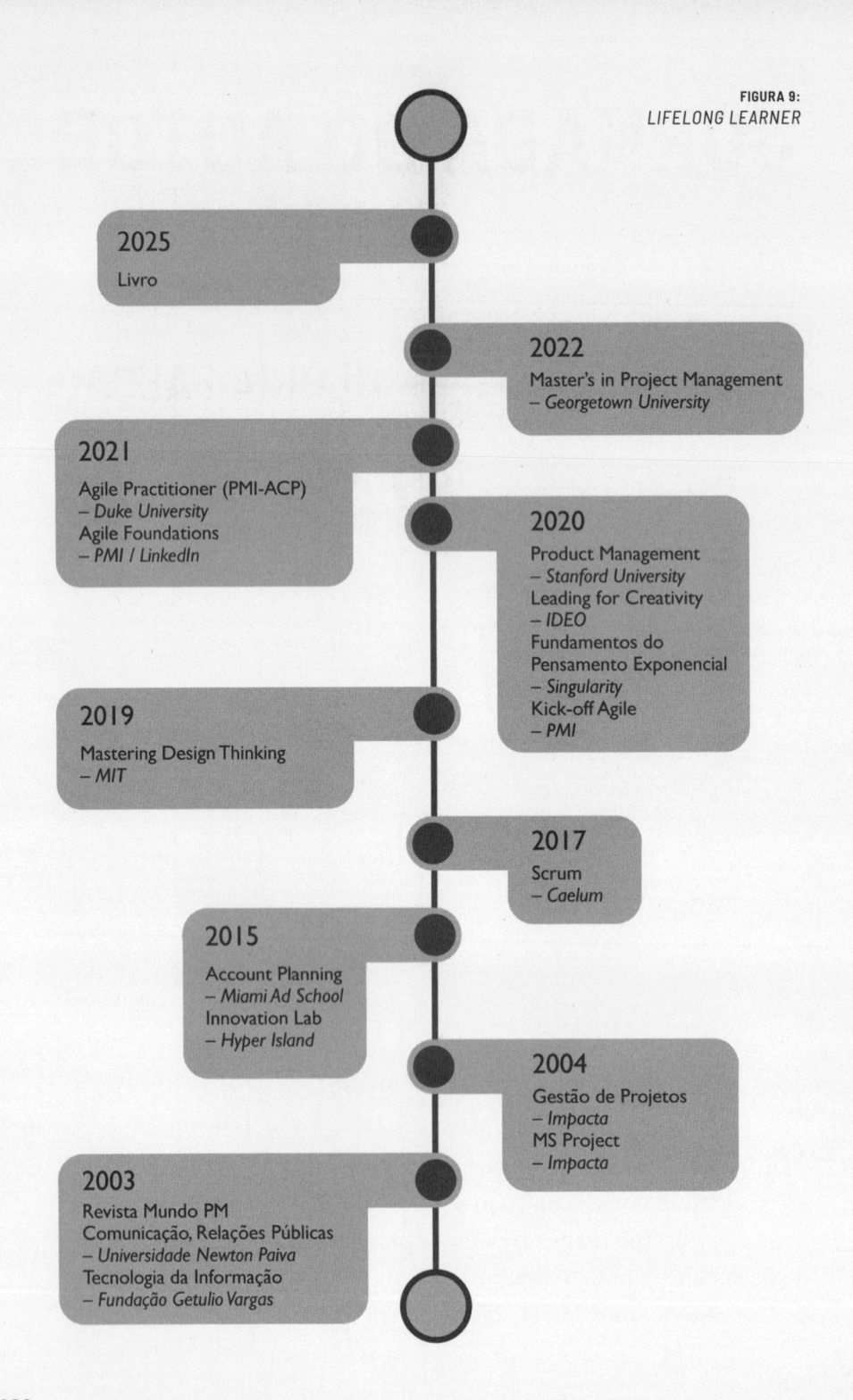

2025
Livro

2022
Master's in Project Management
– *Georgetown University*

2021
Agile Practitioner (PMI-ACP)
– *Duke University*
Agile Foundations
– *PMI / LinkedIn*

2020
Product Management
– *Stanford University*
Leading for Creativity
– *IDEO*
Fundamentos do
Pensamento Exponencial
– *Singularity*
Kick-off Agile
– *PMI*

2019
Mastering Design Thinking
– *MIT*

2017
Scrum
– *Caelum*

2015
Account Planning
– *Miami Ad School*
Innovation Lab
– *Hyper Island*

2004
Gestão de Projetos
– *Impacta*
MS Project
– *Impacta*

2003
Revista Mundo PM
Comunicação, Relações Públicas
– *Universidade Newton Paiva*
Tecnologia da Informação
– *Fundação Getulio Vargas*

Rodrigo Falcão é mestre em Gestão de Projetos pela Universidade Georgetown, formado em comunicação pela Universidade Newton Paiva e certificado em metodologias por Stanford (Product Management); MIT (Design Thinking); Duke (Agile); Ideo (Leading for Creativity) e Singularity (Exponential Thinking). Líder de operações, produção, negócios e pessoas. Especialista em processos, com foco em eficiência, colaboração e melhoria constante. Implantador de soluções digitais e ferramentas para otimização de investimentos e resultados.

Em 25 anos de carreira, Rodrigo foi nomeado o Melhor Gestor de Projetos Digitais pela ABRADi e atuou nas mais premiadas agências de propaganda: VML, AlmapBBDO, Ogilvy, JWT, AgênciaClick Isobar e Media.Monks, onde contribuiu em projetos para empresas multinacionais, entre elas, Volkswagen, Coca-Cola, M&M'S, Snickers, Pedigree, Whiskas, Claro, Colgate-Palmolive, Bradesco Seguros, Havaianas, O Boticário, Philips, Fiat, Doritos, Cielo, Ford e Mondelēz. É mentor no Instituto Mestre GP e sócio na startup FORE.

FIGURA 10:
2010 | EL OJO DE IBEROAMÉRICA, BUENOS AIRES, ARGENTINA.

FIGURA 11:
PRÊMIO ABRADI, DA ASSOCIAÇÃO BRASILEIRA DOS AGENTES DIGITAIS.
2016 | ELEITO O MELHOR PROFISSIONAL EM GESTÃO DE PROJETOS.

FIGURA 12:
2018 | NEW YORK FESTIVAL ADVERTISING AWARDS.

FIGURA 13:
MASTER | PÓS-GRADUANDO EM GESTÃO DE PROJETOS NA GEORGETOWN UNIVERSITY, WASHINGTON, D.C. A UNIVERSIDADE FOI FUNDADA EM 1789, E O PROGRAMA DE MASTER EM GESTÃO DE PROJETOS FOI ELEITO O MELHOR DOS ESTADOS UNIDOS, EM 2022, PELA COLLEGE FACTUAL.

PREPARAÇÃO LITERÁRIA DO AUTOR

FOTÓGRAFO: PEDRO BATISTA

ALCIONE CARVALHO

A Ocitocina Edições ajuda autores e autoras a organizar pensamentos, estruturar narrativas e modular vozes para que o conjunto da obra desperte nas melhores editoras o interesse em publicarem seus livros.

ocitocina
edições

REFERÊNCIAS BIBLIOGRÁFICAS

15th State of Agile Report: Agile leads the way through the pandemic and Digital transformation. **Digital.ai**. Disponível em: <https://Digital.ai/catalyst-blog/15th-state-of-agile-report-agile-leads-the-way-through-the-pandemic-and-Digital/>. Acessado em: 04 mar. 2024.

AGILE Business Consortium. State of Agile Culture Report 2023. Disponível em: <https://www.agilebusiness.org/resource-report/state-of-agile-culture-report-2023.html>. Acessado em: 18 jan. 2024.

AMBLER, S.; LINES, M. Introduction to Disciplined Agile Delivery 2nd Edition: A Small Team's Journey from Scrum to Disciplined DevOps. [S.l.]: CreateSpace Independent Publishing Platform, 2018.

BECK, Kent; ANDRES, Cynthia. Extreme Programming Explained: Embrace Change. 2. ed. Boston: Addison-Wesley, 2004.

CLARO, L.M. **Performance Digital: desligue a sua agência OFF** (24 out. 2016). Disponível em: <https://pt.linkedin.com/pulse/performance-digital-desligue-sua-ag%C3%AAncia-off-leandro-maraccini-claro?trk=articles_directory>. Acessado em: 28 jan. 2024.

COALITION for Better Ads. Better Ads Standards. Disponível em: <https://www.betterads.org/standards/>. Acessado em: 04 mar. 2024.

COCKBURN, A.; BECKER, A. P.; FULLER, J. **Crystal Clear**: A Human-Powered Methodology for Small Teams. 1st edition. Boston, London: Addison-Wesley Professional, 2004.

CUNNINGHAM, Ward *et al*. **Manifesto for Agile Software Development**, 2001. Disponível em: <https://agilemanifesto.org/>. Acessado em: 15 jan. 2024.

FARMER, M. **Madison Avenue Manslaughter**: An Inside View of Fee-Cutting Clients, Profit-Hungry Owners and Declining Ad Agencies. 3. ed. London: LID Publishing, 2019.

FIGUEIRA, R. JP AND JUL.IA. Universo lúdico em Inteligência Artificial é coisa muito séria. **FIG BLOG** (14 fev. 2021 e atualização em 17 fev. 2021). Disponível em: <https://www.figtree.com.br/post/jp-and-jul-ia-universo-l%C3%BAdico-em-intelig%C3%AAncia-artificial-%C3%A9-coisa-muito-s%C3%A9ria>. Acessado em: 28 jan. 2024.

GASPARINI, **Claudia.** As 11 melhores frases de Steve Jobs sobre inovação e sucesso. Exame (24 fev. 2018). Carreira. Disponível em: <https://exame.com/carreira/as-11-melhores-frases-de-steve-jobs-sobre-inovacao-e-sucesso/. Acessado em: 21 jan. 2024.

GOODREADS. Phil Jackson Quotes. Disponível em: https://www.goodreads.com/author/quotes/2853.Phil_Jackson. Acessado em: 21 jan. 2024.

HIGHSMITH, J. A. **Adaptive Software Development**: A Collaborative Approach to Managing Complex Systems. New York: Dorset House, 1999.

HOORY, L.; BOTTORFF, C. ; WATTS, R. What Is A Burndown Chart? Everything You Need To Know. **Forbes Advisor** (27 mar. 2022). Business. Disponível em: <https://www.forbes.com/advisor/business/what-is-a-burndown-chart/>. Acessado em: 04 mar. 2024.

HUNT, A; SUBRAMANIAM, V. **Practices of an Agile Developer**: Working in the Real World. Pragmatic Bookshelf, 2017.

JEFF De Luca on Feature Driven Development. [Entrevista concedida a Stefan Roock]. **It-agile.** Publisher: Multi Media Productions 2009. The Story Behind Feature-Driven Development.

KANBAN UNIVERSITY. Disponível em: <https://kanban.university/>. Acessado em: 04 mar. 2024.

KNAPP, J; ZERATSKY, J; KOWITZ, B. **The Design Sprint.** Disponível em: <https://www.thesprintbook.com/>. Acessado em: 4 mar. 2024.

KRUCHTEN, P. **The Rational Unified Process**: An Introduction. 3rd edition. Upper Saddler River, NJ: Addison-Wesley Professional, 2003.

LADAS, C. **Scrumban**: And Other Essays on Kanban Systems for Lean Software Development. Seattle, Wash: Modus Cooperandi Pr, 2009.

LEAN ENTERPRISE INSTITUTE (2000-2024). Disponível em: <https://www.lean.org/>. Acessado em: 4 mar. 2024.

LEONHARD, G. **Change**[2]. Filme de 3'59'', cujo vídeo foi publicado no canal Gerd Leonhard, do YouTube, em 11 maio 2016 ("Digital transformation: Are you ready for exponential change?). Disponível em: https://www.YouTube.com/watch?v=ystdF6jN7hc. Acessado em: 15 jan. 2024.

LESS.works [Overview]. Disponível em: <https://less.works/>. Acessado em: 4 mar. 2024.

MAMU. 10 Dicas para você ser o melhor Gestor de seus Projetos. Vídeo de 14'55'', publicado no **canal Mamu**, do Youtube, em 24 jan. 2022. Disponível em: <https://youtu.be/DcLGD625p4c?si=l1XENKiDho1E8aFc>. Acessado em: 21 jan. 2024.

MARTIN, J. **Rapid Application Development**. New York: Macmillan Coll Div, 1991.

McCAMBLEY, J. The first ever banner ad: why did it work so well? **The Guardian** (12 dez. 2013). Media Network Blog. Disponível em: <https://www.theguardian.com/media-network/media-network-blog/2013/dec/12/first-ever-banner-ad-advertising>. Acessado em: 4 mar. 2024.

MÍDIA & MARKETING [Programa de entrevistas do Canal Uol]. Filipe Bartholomeu, da AlmapBBDO: 'O que atrapalha a criatividade é o medo'. Apresentação e reportagem: Renato Pezzotti. Vídeo de 32'24'', publicado no **canal**

UOL do YouTube, em 26 dez. 2022. Disponível em: <https://youtu.be/ LR168MwSt0?si=7pkI2Da1hfNBFVYz>. Acessado em: 4 mar. 2024.

PANORAMA da Gestão de Projetos no Mercado Publicitário 2020. Pesquisa de Mercado do Instituto Mestre GP em parceria com Opinion Box. Disponível em: <https://www.mestregp.com.br/2020/01/13/pesquisa-de-mercado-gestao-de-projetos-panorama-2020/>. Acessado em: 2020.

Para uma gestão efetiva a gestão de risco é e faz necessária! **Instituto Mestre GP** (9 fev. 2023). Disponível em: <https://www.linkedin.com/pulse/para-uma-gest%C3%A3o-efetiva-de-risco-se-faz-necess%C3%A1ria-mestregp/>. Acessado em: 21 jan. 2024.

PINK, Daniel. **Drive: The Surprising Truth About What Motivates Us**. N.Y: Riverhead Books, Penguin Group, 2011.

PMBOK Guide (2021): A guide to the Project Management Body of Knowledge. 7. ed. PROJECT MANAGEMENT INSTITUTE.

PRINCE2 Certification Training & Information for USA Project Managers (New York). Disponível em: <https://www.prince2.com/usa>. Acessado em 4 mar. 2024.

QUOTES. pics. Verbete "Ambrose Bierce". Disponível em: <https://pt.quotes.pics/frase/6849>. Acessado em: 21 jan. 2024.

SAFe 6.0. **Scaled Agile, Inc.** Disponível em: <https://scaledagileframework.com/>. Acessado em: 4 mar. 2024.

SCRUM.ORG. The home of Scrum. Disponível em: <https://www.scrum.org/>. Acessado em: 18 jan. 2024.

SINEK, S. How great leaders inspire action. **TED**. Vídeo de 18'34", publicado no canal TED, do YouTube, em 4 maio 2010. Disponível em: <https://youtu.be/qp0HIF3SfI4?si=aQzHjC23VPmha3Cb>. Acessado em: 20 jan. 2024.

TAKEUCHI, H.; NONAKA, I. The New New Product Development Game. **Harvard Business Review** (Jan. 1986). The Magazine. Disponível em: <https://hbr.org/1986/01/the-new-new-product-development-game>. Acessado em: 4 mar. 2024.

What is Test-Driven Development? **TestDriven Labs**. Disponível em: <https://testdriven.io/test-driven-development/>. Acessado em: 4 mar. 2024.

WIKIPEDIA. Verbete "Agile unified process". Disponível em: <https://en.wikipedia.org/wiki/Agile_unified_process>. Acessado em: 20 jan. 2024.

Verbete "Dynamic systems development method". Disponível em: <https://en.wikipedia.org/wiki/Dynamic_systems_development_method>. Acessado em: 4 mar. 2024.

Verbete "Shuhari". Disponível em: <https://en.wikipedia.org/wiki/Shuhari>. Acessado em: 4 mar. 2024.

FONTE Barlow e Inria Serif
PAPEL Pólen Natural 80 g/m²
IMPRESSÃO Paym